Große Karte von Apian um 1560

Maßstab rund 1:45 000

Ausschnitt München

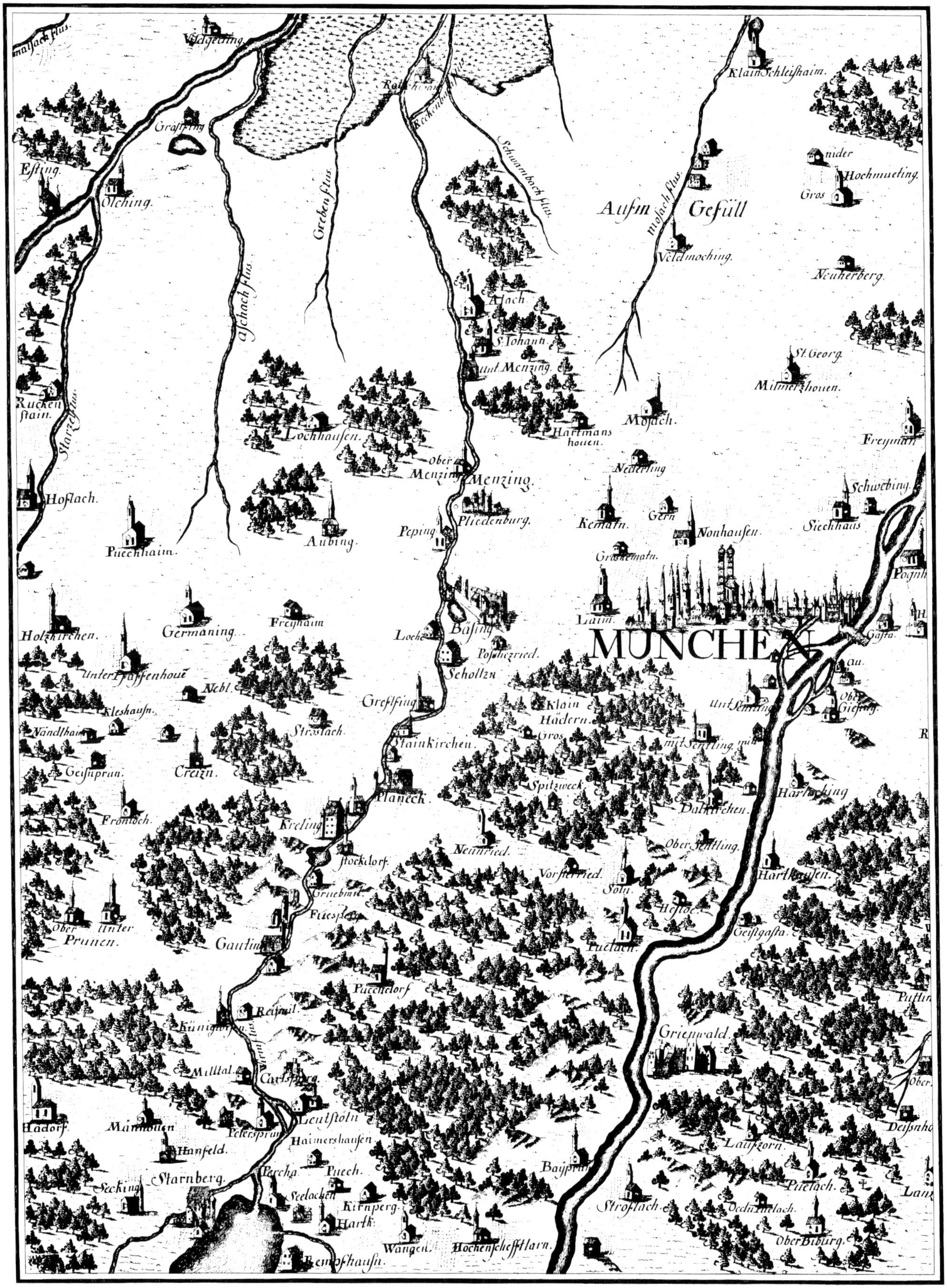

Die Würm

Im Fluß der Geschichte*n*

Die Würm und Würmkanäle.
Streifzüge von Starnberg nach Gauting,
Pasing, Schwabing und Dachau,
zu den Schlössern
Nymphenburg, Blutenburg, Schleißheim
und ins Dachauer Moos

Fotografie
Erich Weichelt • Mark Schütze

Text
Gerhard Ongyerth

Buchendorfer Verlag

Fotografen

Erich Weichelt, Jahrgang 1965; lebt seit früher Kindheit in Planegg an der Würm. Er hatte die Idee zu einem Bildband. Arbeitet als freier Fotograf und Bildjournalist.

Mark Schütze, Jahrgang 1967; arbeitet als Fotograf für die Stadt München.

Autor

Gerhard Ongyerth, Jahrgang 1960; lebt seit dem fünften Lebensjahr in München; studierte Geographie, Kunst- und Baugeschichte sowie Touristik, promovierte mit einer kulturgeschichtlichen Arbeit über die Würm; Mitbegründer des alternativen Vereins Stattreisen München e.V. und Initiator des Modellvorhabens Landschaftsmuseum oberes Würmtal; Lehrbeauftragter der TU München; Konservator im Bayerischen Landesamt für Denkmalpflege, Referat Städtebauliche Aufgaben und Planungsberatung.

Die Deutsche Bibliothek – CIP-Einheitsaufnahme
Die Würm : Im Fluß der Geschichten; die Würm und Würmkanäle ; Streifzüge von Starnberg nach Gauting, Pasing, Schwabing und Dachau, zu den Schlössern Nymphenburg, Blutenburg, Schleißheim und ins Dachauer Moos / Fotogr. Erich Weichelt : Mark Schütze. Text Gerhard Ongyerth – München : Buchendorfer Verl., 1995
ISBN 3-927984-46-9
NE: Weichelt, Erich; Ongyerth, Gerhard

2. überarbeitete Auflage 1997

Layout: Eveline Gramer
Lektorin: Sabine Gruban
Reproduktion: Fischer, Frankfurt
Druck und Bindung: Bosch-Druck Landshut
Printed in Germany

ISBN 3-927984-46-9

Inhalt

Ach, Uurmina und die Würmeiszeit

Es gibt keine zusammenhängende Darstellung der geschichtlichen Ereignisse an der Würm und der bis Nymphenburg, Schwabing, Schleißheim und Dachau reichenden Würmkanäle. Auch dieser Bildband muß Schwerpunkte setzen, auswählen und verdichten. Nur so können 12 000 Jahre Erd- und Kulturgeschichte des Würmtals sowie zahllose mit der Würm verbundene Geschichte*n* in ein handliches Format gebracht werden.

Der Text und die Bilder folgen dem 35 km langen Lauf der Würm vom Starnberger See bis zur Amper bei Dachau und den rund 50 km langen Würmkanälen zu den Schlössern Nymphenburg und Schleißheim, zum Olympiapark in München und ins Dachauer Moos. „Mit dem Finger auf der Landkarte“ kann der Beschreibung gefolgt werden. Als Anlage beigefügte Routenvorschläge mit Hinweisen auf Einkehrmöglichkeiten laden zur persönlichen Entdeckung der Geschichte*n* an der Würm ein.

Die Fotografien zeigen von der Geschichte geprägte Orte und Bauten, Menschen am Wasser und eine jahreszeitlich wechselnde Poesie der Flußlandschaft. Angesichts der Modernität mancher Orte und Bauten muß der Blick durch die Darstellung geschichtlicher Hintergründe und räumlicher Zusammenhänge geschärft werden, um zur Eigenart und Identität der Orte vorzustoßen. Und gerade diese Zusammenhänge lassen die geschichtliche und räumliche Besonderheit der Würm und Würmkanäle erkennen und den Wunsch reifen, dort mit offenen Augen zu wandern, wo die Sinne aufgehen: am Starnberger See – dem landschaftlich höchst attraktiven Todesort König Ludwigs II., durch das Durchbruchstal der Würm bei Leutstetten – Gebiet der Mühlen und Burgen, durch das „Leutstettener Amphitheater“ und Dachauer Moos – Musenorte der Landschaftsmaler, auf dem Karlsberg und um die Reismühle – sagenhafte Stätten der Zeugung und Geburt Karls des Großen – Erinnerung an wasserumströmte Herrschaftssitze des 12. bis 16. Jahrhunderts durch Leutstetten, Gauting, Krailling, Planegg, Seeholzen (Gräfelfing), Pasing, Blutenburg (Obermenzing) und Dachau, durch bevorzugte Wohngegenden mit einer herausragenden „Sammlung“ herrschaftlicher Villen der Jahrhundertwende, am Nymphenburg-Biedensteiner-Kanal zu Schloß, Park und Porzellanmanufaktur Nymphenburg, am Würmkanal zu den Schleißheimer Schlössern und dem Schloßpark durch die verlorene Landschaft Dachauer Moos bis hin zur KZ-Gedenkstätte und zur Mündung der Würm in die Amper.

Vom Ursprung und Namen der Würm

Im Gegensatz zum unberechenbar gebliebenen Alpenfluß Isar ist die Würm der vergleichsweise harmlose Abfluß des Starnberger Sees. Ohne daß ein Beweis möglich ist, werden der bei Seeshaupt am südlichen Ufer des Starnberger Sees einmündende Bodenbach und das Osterseengebiet als Altwürm bzw. „Ach“ (= Wasser, Ache) gedeutet. Das Flußbett der „Ach“ soll einer Zunge des Isar-Loisach-Gletschers mehrfach den Weg bis Leutstetten vorgezeichnet haben. Nach dem Zerfall der Eismassen blieb ein erheblich erweitertes Flußbett zurück – der bis 1962 offiziell als Würmsee bezeichnete Starnberger See. Der Name „Ach“ findet sich im Ortsnamen Allach wieder.

Der Name Würm ist aus einer vorkeltischen alteuropäischen Sprachschicht überliefert; er beschreibt den Fluß schlicht als „Uurmina“, also als „Wasser“ (vom Starnberger See). Bis zur Mündung in die Amper bei Dachau, beträgt das Gefälle im Würmbett 114 Meter. Das Gefälle der Amper oder Isar beträgt in dem Bereich nur 64 bzw. 80 Meter.

Zur Entstehung der Landschaft

Die Würm ist ein Kind der Eiszeiten, geboren beim allmählichen Zerfall des Gletschereises. Der Geburt gingen mehrere Gletschervorstöße aus dem Alpenraum und der jeweils nachfolgende Eiszerfall sowie das Verschieben von unvorstellbaren Schottermassen durch Schmelzwasser der Gletscher in breiten Stromtälern bis zur Donau hin. Erst nach und nach zogen sich die Urströme in die heutigen Flußbetten der Amper, Würm und Isar zurück und tieften sich dort ein: Flußtäler wie das Würmtal entstanden.

Die Eiszeiten werden weltweit nach süddeutschen Flüssen benannt, deren Anfangsbuchstaben in umgekehrter alphabetischer Reihenfolge die Entwicklung von der jüngsten zur frühesten bekannten Eiszeit anzeigen: nach der Würm, Riß, Mindel, Günz und neuerdings der Donau und Biber. Die Würmeiszeit endete vor rund 10 000 Jahren. Wegen der guten Erkennbarkeit der Zeugen jüngster Vorlandvergletscherungen und der Formen nacheiszeitlicher Talbildungen ist das obere Würmtal 1983 zu einer weltweit anerkannten Typusregion für die Würmeiszeit erklärt worden. Formen der Würmeiszeit finden sich aber nicht nur an der Würm, sondern überall dort, wo die letzte Vorlandvergletscherung Spuren hinterlassen hat.

Als die Voralpengletscher zerfielen, entstanden nördlich des Starnberges Sees, der „Gletscherwanne", höchst unterschiedliche Landschaftsformen: An den wallartig aufgetürmten Endmoränen um das Nordende des Starnberger Sees bei Leutstetten/Rieden und an den verschliffenen Altmoränen bei Buchendorf/Neuried endeten Vorstöße des Isar-Loisach-Gletschers. Vom heute dicht bewaldeten Moränenbereich bis zum Dachauer Hügelland erstreckt sich die Münchner Schotterebene mit Steppenheiden und Kiefernbeständen. Auf der Ebene lagerten Urströme der Amper, Würm und Isar mitgezogene Schotter ab. Diese vereinten sich nach und nach zu Schotterfeldern und überdecken den Raum um München. Die Mächtigkeit der Schotterschicht nimmt nach Norden ab. In Holzkirchen beträgt sie 80 Meter, im Mühlthal 50 Meter, bei Gräfelfing acht Meter und im Dachauer Moos geht sie gegen Null. Wegen der Durchlässigkeit der Kiese und Sande auf der Münchner Schotterebene versickern Niederschläge fast vollständig bis zum Flinz, einer wasserstauenden Schotterunterlage. Auf dem Flinz schwimmt ein mächtiger Grundwasserstrom der am nördlichen Rand der Schotterebene zutage tritt und dort zur Entstehung des Dachauer-, Freisinger- und Erdinger Mooses geführt hat. Am Übergang der Schotterebene zu den Moorgebieten entwickelte sich auf wechselweise trockenen und feuchten Böden ein Lohwaldgürtel. Reste davon sind in der Aubinger Lohe, Angerlohe, Echinger Lohe und im Allacher Forst erhalten geblieben.

Die Würm hat sich während ihres Jahrtausende währenden Laufs zur Amper in alle diese Landschaftsteile eingesenkt und das Würmtal als junges Element der Landschaft entstehen lassen. Die maximale West-Ost-Ausdehnung der Urwürm betrug vor dem Rückzug in das gegenwärtig schmale Flußbett ganze 1,5 Kilometer bei der Reismühle, 1,2 Kilometer bei Gauting und immerhin noch 80 Meter bei Pipping. Auf den Schotterhängen des Würmtals sind beim Rückzug der Urwürm zahlreiche Randterrassen entstanden, die sich zwischen Mühlthal und Königswiesen sowie in Gauting zu einer eindrucksvollen Terrassentreppe formieren. Zur Einsenkung der Würm hat eine permanente Seiten- und Tiefenerosion in Gefällerichtung beigetragen: Die Strömung der Würm untergräbt auch heute noch im Wasser stehende Teile der Hänge, verursacht Hangrutschungen und verändert so das Hangprofil. An der Innenseite der Flußbögen werden gelöste Materialteile durch den aufströmenden Fluß hochgespült und abgelagert. Wenn kräftige Strömungen diese flachen Uferterrassen zeitweise durchbrechen, bilden sich strömungsarme, flachgründige Flutmulden, die als Fischbrutareale dienen können und das Ansiedeln seltener Pflanzen begünstigen. Das enge Mühlthal zwischen Leustetten und Rieden entstand durch eine rund 50 Meter tiefe Einsenkung der Würm in die Schotterberge der Eiszeit. Um Gauting und erneut um Gräfelfing weitet sich das Tal der Würm, und der Flußlauf wird ruhiger. Mit abnehmender Mächtigkeit der Schotterschichten nach Norden geht auch die Höhe der Talrandterrassen zurück. Nördlich der Blutenburg ist die Einsenkung der Würm kaum noch zu erkennen.

Die ersten Bewohner des Würmtals

Ursprünglich bedeckte ein Buchenmischwald die Schotterberge um das Würmtal vom Starnberger See bis zu den Steppenheiden und Kiefernwäldern um Pasing sowie den Lohwaldgürtel um Allach. Das natürliche Vorkommen der Buche/Hainbuche sowie der Eiche an den Waldesrändern endete nach Norden entlang einer „Buchenfront" von Maisach über Puchheim (Heim am Buchenwald), Germering und Planegg bis zum Mangfallknie und Ebersberger Forst. Durch Aufforstungen nach dem Dreißigjährigen Krieg und Ansiedlung der schnellwachsenden Fichte zur Bewirtschaftung der Wälder im 19. Jahrhundert hat flächenhaft ein Holzartenwechsel stattgefunden.

Die ersten landwirtschaftlich tätigen Bewohner des Würmtals dürften nach der Analyse von Getreidepollen aus dem Leutstettener Moos und dem Buchendorfer Weiher etwas nach 4000 v. Chr. eingewandert sein. Archäologisch faßbar wird die Besiedelung erst durch Funde aus Gräbern des 2. Jahrtausends v. Chr. Die Aneinanderreihung vorgeschichtlicher Fundstätten nahe der Würm von Starnberg bis Dachau läßt vermuten, daß bereits in vorgeschichtlicher Zeit parallel zum Würmtal eine Straße verlief. Die Lichtungen und Ränder des Buchenmischwalds nahe der Altstraßen waren bevorzugte Siedlungsgebiete. Ausgangspunkte der im 8. Jahrhundert abgeschlossenen bajuwarischen „Landnahme" im Würmtal waren nach den gegenwärtig bekannten Urkunden Gauting, Gräfelfing und Aubing.

Gauting war wohl karolingisches Königsgut römischen Ursprungs und das wirtschaftliche sowie kirchliche Zentrum seiner Ausbauorte Buchendorf, Leutstetten und Stockdorf. Die Urgemarkung um Aubing reichte zur Landnahmezeit bis zum Kreuzlinger und Allacher Forst. Der Aubinger/Puchheimer Siedlungsausbau führte zur Gründung von Filialkirchen in Freiham, Steinkirchen, Pasing, Ober- und Untermenzing, Allach und Lochhausen. Gräfelfing entwickelte sich zwischen Siedlungen, die von Gauting und Aubing/Puchheim aus gegründet worden waren. In kirchlicher Hinsicht war Gräfelfing lange Zeit das Zentrum für Krailling, Lochham, Neuried und Hadern.

Ortsnamen erzählen

Die Ortsnamen der meisten Würmtalorte „sprechen". Sie weisen auf bestimmte Gründungszusammenhänge hin und beschreiben den Landschaftsraum um die jeweilige Siedlung. Von den auf „-ing" endenden bajuwarischen Ursiedlungen Gauting und Gräfelfing (= Siedlungen der Leute des „Gudo" und „Grefolf") war schon die Rede. Nur etwas jünger sind Krailling, Pasing, Ober- und Untermenzing (= Siedlungen der Leute des „Chrouwilo", „Paso" und „Manzo").

In Wald- oder Lohwaldlichtungen nahe den Ursiedlungen entstanden die Ausbauorte Leutstetten (= kleine Wohnstätte), Rieden (= Rodeort), Königswiesen (= Wiese im königlichen Besitz), Buchendorf (= Dorf am Buchenwald), Forst Kasten (= Haus im Wald), Stockdorf (= Dorf bei den Baumstümpfen), Pentenried (= Rodung des Benedikt, von Kloster Benediktbeuren), Neuried (= neue Rodung), Martinsried (= Rodung von Kloster Martinszell/Dietramszell), Maria Eich (= Waldweide mit Eichen), Lochham (= Siedlung im lichten Wald), Frohnloh (= Siedlung im lichten Wald des Herren) und Blutenburg (= Blütenburg, Auenwiese).

Nahe der Würm entstanden Achheim/Ouiheim (= Bauern- und Fischersiedlung von Starnberg), Petersbrunn (= Kapelle am Quellaustritt), die Grubmühle (= Mühle an Geländekante), Seeholzen (= am bewaldeten Flußarm bei Gräfelfing), Allach (= lichter Wald am Fluß, am Übergang von Waldland zum Moor) und Dachau (= Ort bei der lehmigen Au der Amper und Moosbäche).

Im Moor bei Dachau entstanden die Einöden Rothschwaige und Moosschwaige (= Viehhof). Am Übergang des bewaldeten Moränengebiets zur Münchner Schotterebene entwickelte sich Planegg (= Burg in der Ebene).

Im frühen 19. Jahrhundert schließlich wurden die Moorkolonien Ludwigsfeld, Karlsfeld und Augustenfeld planmäßig „auf freiem Feld" angelegt und nach den Kindern des Kurfürsten Max IV. Joseph benannt: Ludwig (I.), Karl, Auguste.

Bucentaur, die Sommerfrische und der Tod – Am Starnberger See

Der Fremdenverkehr in Bayern war noch nicht geboren, der Begriff Freizeit noch nicht erfunden, da erkundete der Geschichtsschreiber Johannes Aventinus „das ganze Baiernland", um im Jahre 1519 mit der Niederschrift seiner Baierischen Chronik zu beginnen. Dort konnte man schließlich lesen: „Das baierische Volk ist kirchlich (...), geht und läuft gerne wallfahrten (...); bleibt gerne daheim und zieht nicht viel zu Feld in fremde Länder; trinkt sehr (...), ist etwas unfreundlicher und eigensinniger, wie es geht bei Leuten, die nit viel hinauskommen (und) gern daheim alt werden (...)." Seit dieser Zeit haben wir in touristischer Hinsicht und im Bereich der Naherholung viel dazugelernt. Das Gebiet der nördlichen Ufer- und Terrassenzonen des Starnberger Sees gilt als Prototyp eines Erholungsgebietes. Hier zelebrierten die Kurfürsten Bayerns pompöse See- und Jagdfeste, entdeckten die Münchner die Sommerfrische und fand König Ludwig II. den Tod.

Starnberg. Kirche St. Josef. Eine der schönsten Rokokokirchen des bayerischen Oberlandes (1770).

Starenbichel, Niederstarnberg und Achheim

Hauptort am 21 km langen und durchschnittlich 2–5 km breiten Würmsee ist Starnberg. Die Grafen

Das Starnberger Schloß entstand 1541 unter Herzog Wilhelm IV. Heute beherbergt es das Finanzamt.

von Andechs errichteten die 1225/26 erstmals erwähnte Burg „Starnberch" , zur Überwachung der östlichen Grenze ihres Einflußbereiches. Im Schutz der Burg entstanden die ehemalige Hoftaverne am heutigen Tutzinger-Hof-Platz und der Ort „Niederstarnberg". Als Verwalter und Richter über das Gebiet wurden die Ritter von Starnberg eingesetzt. Ihr Wappen zeigt einen vom dreigipfeligen Berg auffliegenden Star.

Der Burgberg mit Josefskirche und Schloß fällt nach Norden relativ steil zum Georgen- und Siebenquellenbach ab. Das Bachtälchen durchbricht die wallartig vor dem Nordende des Starnberger Sees liegende Endmoräne und schuf mit dem Hügelpaar Jacklberg und Starenbichel eine strategisch bedeutsame Situation nahe der Kreuzung der Römerstraße Epfach – Gauting und der mittelalterlichen Straße nach Tölz und Wolfratshausen.

Zwischen Burgberg und Seeufer, vom Bereich der heutigen Kreuzung Possenhofer Straße – Bahnhofstraße bis zum Lochmann-Haus (Heimatmuseum) lag „Achheim" (Ouiheim), eine kleine Bauern- und Fischersiedlung. Niederstarnberg und Achheim waren über die alte Poststraße München – Weilheim verbunden gewesen, die als Hauptstraße immer noch das „Rückgrat" Starnbergs darstellt.

Ohne Marktrecht blieb Starnberg wirtschaftlich unbedeutend für die umliegenden Ortschaften. Bedeutung erlangte das Dorf mit damals nur 15 Anwesen um das Jahr 1500 als Ausgangspunkt der Prunkschiffahrt des kurfürstlichen Hofs aus München im 16./17. Jahrhundert und durch die verbesserte Erreichbarkeit über die 1854 fertiggestellte Eisenbahnverbindung Pasing-Starnberg.

sowie Schloß Garatshausen und Schloß Tutzing, Schloß Berg 1640, Schloß Ammerland 1685 und Schloß Allmannshausen 1696. Es waren zunächst die reichen Münchner Patrizierfamilien, die am Starnberger See Herrensitze erwarben – heute würde man vielleicht Zweitwohnsitze dazu sagen – wohlhabende Familien wie die Weiler, Püttrich, Katzmair und Ligsalz. Im 16. Jahrhundert trat das hohe Beamtentum als Käufer der Schlösser auf und im 17. Jahrhundert die Landesherren, allen voran der Kurfürst Ferdinand Maria und seine prunksüchtige Gemahlin Henriette Adelaide von Savoyen.

Barocker Glanz über dem See

Von den kurfürstlichen Schlössern Starnberg und Berg nahmen große nächtliche Seefeste und Hirschjagden der Barockzeit ihren Ausgang.

Seit 1498 lassen sich Schiffe des Münchner Hofes mit einer Schiffshütte bei Starnberg in Verbindung bringen. Glanzstück der Flotte war die knapp 30 Meter lange und acht Meter breite Prunkgaleere

Die 30 m lange und 8 m breite Bucentaur war das prunkvollste Schiff, das je auf einem europäischen Binnennsee gefahren ist.

1365 richteten sich die Wittelsbacher auf der Burg Starnberg ein. In dem sehr abwechslungsreich gegliederten Gelände am Nordrand des Starnberger Sees entstanden vom 15. bis zum 17. Jahrhundert - eine Kette von Schlößchen. Das älteste Schlößchen, Kempfenhausen, wurde 1487 errichtet. Es folgten Schloß Possenhofen 1563, Schloß Leutstetten 1565

„Bucentaur". Wie die Vorbilder in Venedig war sie reich mit Gold geschmückt. Der Bucentaur verfügte über drei Etagen: eine Ruderetage mit rund 100 Ruderbänken, einen Festsaal für maximal 500 Gäste und eine obere Etage für die „Musici". Die Prunkgaleere war bei Ausfahrten von einer kleinen Flotte umgeben: vom Kammerschiff, verschiedenen „Galeeren“, Gondeln, einem Kellerschiff, dem Hofküchenschiff, Mundküchenschiff, Krautküchenschiff, einem Schiff für Gerätschaften, einem Schiff für Anker und Taue sowie von verschiedenen Einbäumen. Für die damaligen Menschen waren insbesondere die nächtlichen Spektakel auf See höchst eindrucksvoll. Hirsche wurden damals durch Gatter in den See gehetzt und im Wasser von Booten aus erlegt. Auf dem See schwammen illuminierte künstliche Inseln mit Inszenierungen mythologischer Themen. Feuerwerke erleuchteten den Himmel. Kanonen- und Böllerschüsse erzeugten neben der höfischen Musik der Schiffskapelle eine dramatische Geräuschkulisse.

Die Landschaft rund um den See einschließlich der Uferorte und der umliegenden Schlösser wurde bei den barocken Seefesten in die Selbstdarstellungen des Herrscherhauses als illuminierte Kulisse einbezogen: Lichterketten markierten nach Einbruch der Dämmerung die Gebäude und Mauern der umliegenden Schlösser.

Das Zeitalter des „Bucentaur“ währte fast 80 Jahre. Als 1759 ein neuer Schiffsboden hätte hergestellt werden sollen, hielt man es für besser, das ganze Werk zu zerlegen. Die Zeit barocker Inszenierungen am Starnberger See ging damit allmählich zu Ende.

Der Sommersitz des Münchner Hofes war bereits in der zweiten Hälfte des 17. Jahrhunderts nach Nymphenburg verlegt worden. Schloß Starnberg beherbergt seit dem frühen 19. Jahrhundert nurmehr das Finanzamt. Das Schiff spukt aber immer noch in den Köpfen der Starnberger herum: Das Heimatmuseum der Stadt Starnberg bewahrt ein Modell des „Bucentaur“ von 1909 im Maßstab 1:20 auf, und der „Förderverein Südbayerisches Schiffahrtsmuseum Starnberg“ bemüht sich seit Jahren um Mittel zum Bau einer museal nutzbaren Schiffshütte und den Nachbau des Schiffes.

Künstler und Großbürger erobern den See

Der Starnberger See blieb nach dem Abzug des Münchner Hofes nicht lange unbeachtet. Wissenschaftlich motivierte Reisen, Erkundungen und Schilderungen des Historikers Lorenz Westenrieder oder des Botanikers Franz Paula von Schrank regten Wanderer, Maler und Naherholer am Ende des 18. Jahrhunderts zur eigenen Begegnung mit dem See an: „Das ist eine herrliche Szene, die sich hier jedem Reisenden öffnet (...)! Warum machen unsere Künstler viel lieber Ideale von Landschaften mit alten, verfallenen Gebäuden, da ihnen die Natur viel bezaubernde Bilder darbietet, die sie kopieren sollten!“ Solchermaßen angelockt entdeckten Vorkämpfer einer um realistische Darstellung bemühten Bewegung innerhalb der Landschaftsmalerei um 1800 das Gebiet um den Starnberger See, den „landschaftlichen Styl“ um Leutstetten und die malerische Poesie des Mühlthals. Die Entwicklung der Druckverfahren trug zur Vervielfältigung ihrer Landschaftsbilder bei und steigerte die Bekanntheit der Region.

Den Künstlern folgten Bürger und Adelige. Sie ließen sich in zunächst nur temporär bewohnbaren Sommersitzen nieder. Eines der ersten Sommerhäuser ließ Johann Ulrich Himbsel 1827 in Assenbuch bauen. 1834 erwarb Herzog Max die Schlösser Possenhofen und Garatshausen. Ab 1850/60 traten Maler, Professoren, Advokaten, Kaufleute, „Rentiers“ und „Partikuliers“ als Bauherren auf. Zeilenweise wurden im 19. und 20. Jahrhundert die Moränenhänge um das Nordufer des Starnberger Sees bebaut. Die unterste Zeile reichte 1860 von Starnberg bis Niederpöcking. Um 1890 waren für Mittelständler und Beamte nur noch Bauplätze in der zweiten und dritten Reihe auf den Hängen frei. Zur lockeren Kette der Schlösser kamen somit dichte Zeilen der Villen, eingebettet in das Grün der gestalteten Parks. Kaum ein Münchner Name von Rang fehlte unter den Eigentümern dieser Villen. Das Großbürgertum und die von ihm geförderten Künstler wurden Nachbarn.

Eisenbahn und Dampfschiffahrt

Diese Entwicklung wurde von der Einrichtung der Eisenbahnstrecke Pasing – Starnberg im Jahre 1854 und der häufigen Präsenz von Mitgliedern des bayerischen Königshauses am See nachhaltig gefördert. 1837 hatten der Architekt und Stadtbaurat Johann Ulrich Himbsel, der Rechtsanwalt

Starnberg
Seepromenade

Starnberg
Seepromenade

Starnberg
Seepromenade

Der Starnberger See erstreckt sich über eine Länge von ca. 21 km und eine Breite von 2–5 km. Die tiefste Stelle mißt 128 m. Die Wassertemperatur schwankt zwischen 10° und 25°C im Sommer, unterhalb 5 m Tiefe erreicht sie nur noch 4°C. Das Wasser erneuert sich nur alle 21 Jahre. Bei Sturm warnen rote Signallichter am Ufer – je schneller sie blinken, umso stärker ist das Unwetter.

An Föhntagen reicht der Blick des Besuchers des Starnberger Sees bis hin in Karwendel- und Wettersteingebirge und auf das Zugspitzmassiv.

Der Name des beliebten Restaurants „Undosa“ (die Wellenreiche) erinnert an das 1891 eingeweihte Seebad, in dem zwischen 1905 und 1921 sogar eine elektromotorisch betriebene Wellenmaschine zum Einsatz kam. Im Festsaal des Restaurants befinden sich zwei hölzerne Seejungfrauen vom Prunkschiff Bucentaur.

Berg, Votivkirche. Ein frühromantischer Zentralbau, der zum Gedenken an den Tod von Ludwig II errichtet wurde.

Georg Maximilian Karl Freiherr von Proff und der Bankier Joseph von Mayer König Ludwig I. einen Plan über den Bau einer „Bahn von München ins bayerische Oberland“ vorgetragen. Durch die Anbindung an eine Dampfschifffahrt für den Personen- und Warenverkehr auf dem Starnberger See sollten mehrere Ziele erreicht werden: Verbesserung des Ausflugsverkehrs am Beginn des Massentourismus, billiger Transport von Massengütern, Anschluß an geplante außerbayerische Bahnlinien. Der Verkehrsverbund Bahn und Schiff sollte den Transport von Holz, Kohle, Torf, Mergel und Bausteinen lukrativ machen. Doch König Ludwig I. lehnte ab: „Weder eine Dampfschiffsfahrt auf dem Würmsee noch eine Eisenbahn durch meinen Park [die Trasse war ursprünglich durch das Jagdrevier im Fürstenrieder Park geplant] soll statt haben.“

Als 1848 Max II. Joseph König wurde, trug Himbsel ein weiteres Mal den Plan vor – und erhielt 1849 endlich die Zustimmung für den Bau der Eisenbahn und die Errichtung der Dampfschiffahrt. Die Dampfer traten in gewisser Weise das Erbe der höfischen Seefahrt der Barockzeit an. 1851 wurde der bei Maffei in München in Auftrag gegebene Raddampfer „Maximilian“ vom Stapel gelassen und mit einem Fahrplan in Dienst gestellt. Er war 33 Meter lang und konnte bis zu 300 Passagiere aufnehmen. 1852 verpflichtete sich der Staat, die geplante Eisenbahn von Pasing nach Starnberg als Pachtbahn zu betreiben. Der Weg zu Bankkrediten war damit geebnet. Wegen der hohen Ablöseforderungen der Starnberger Seeuferbewohner mußte für die Bahntrasse und den Bahnhof das Seeufer aufgeschüttet werden, „das wurde für das Publikum durch die Annehmlichkeit aufgewogen, nach Ankunft mit dem Dampfwagen in wenigen Schritten schon das davorliegende Dampfboot erreichen zu können.“ Viele Gäste verbrachten nach der Eröffnung der Bahnstrecke 1854 auch ihren Sommerurlaub prestigeträchtig in Starnberg. Bis zur Jahrhundertwende entstanden zahlreiche Privatquartiere und große Hotels, wie der Bayerische Hof, das Bellevue, der

Seehof, das Hotel Brunner oder das Pellet-Meyer. Lebten um 1800 erst 76 Familien in Starnberg, so waren es 1912, im Jahr der Erhebung zur Stadt, bereits 3750 Einwohner. 1987 hatte Starnberg rund 18 500 Einwohner.

Von Schloss Berg in den Tod

Schloß Berg stand immer im Schatten von Starnberg und war für den bayerischen „Märchenkönig" Ludwig II. die bevorzugte einsame Sommerresidenz. Jedes Jahr am 11. Mai zog er mit seinem Hof ins Schloß Berg um. Ein Telegraph hielt die Verbindung nach München aufrecht. Noch einmal lebte 1868, anläßlich des Besuchs der russischen Zarin Maria Alexandrowna, die Zeit der großen Seefeste am Starnberger See auf.

Oskar Maria Graf beschrieb das Seefest von 1868 in seiner 1925 veröffentlichten „Chronik von Flechting", in geradezu überschwenglich barocker Manier: „Das Seefest kam. Es war ungeheuerlich. Der ganze See war ein einziges Feuerfeld. Wie eine Märcheninsel strahlte das königliche Floß inmitten von gewiß fünfhundert flink herumirrenden, blinkenden, blumengezierten Booten. Die ganze Nacht spielten abwechselnd die besten Kapellen Partien aus Wagner-Opern und dann wieder wunderbare italienische Gondoliere-Lieder."

Ludwig II. starb am 13. Juni 1886 im Starnberg See. Am Tag zuvor waren drei Wagen aus Neuschwanstein gekommen. Voran die Kutsche mit Dr. Müller und zwei Pflegern, am Ende der Psychiater Dr. Gudden, ein Gendameriehauptmann und zwei Pfleger. Im mittleren Wagen ganz allein saß der wohl gemütskranke Märchenkönig. Er war für „nicht regierungsfähig" erklärt und vom bayerischen Ministerrat „abgesetzt" worden. Schloß Berg wurde für ihn zur Arrestzelle. Sein Tod im Würmwasser bei Schloß Berg hat immer wieder zu Verschwörungsthesen Anlaß gegeben. Die Leichen von Ludwig II. und Dr. Gudden waren um 22.30 Uhr sieben bis acht Meter vom Ufer des Schloßparks entfernt im See treibend gefunden worden. Die am häufigsten vertretene Version vom Tod im See behauptet, Ludwig II. wollte dem Arrest schwimmend über den See entkommen oder zu einem wartenden Fischerboot fliehen und wurde dabei von Dr. Gudden zurückgehalten. Beim Kampf kamen schließlich beide zu Tode . Andere Versionen gehen vom Selbstmord des Königs aus, nachdem dieser den zu Hilfe kommenden Arzt im Kampf unter Wasser gezogen hatte. Gelegentlich ist auch von Schüssen und tödlichen Schußverletzungen des Königs die Rede – Vermutungen, Verdächtigungen, Thesen und Theorien.

Karl May, der Erfinder von Winnetou aber auch des „Wurzelsepp" schrieb 1887 den Roman Der Silberbauer und ließ seinen Helden Wurzelsepp am Tod des Königs zugrunde gehen: „Ich habe gehört, daß mein König krank ist, und zu ihm wollt ich. Aber man hat mich nicht zu ihm lassen. Da hab ich keine Ruhe gehabt bei Tag und Nacht, um zu erlauschen, wie es mit ihm steht. Dabei muß ich mich verkältet haben, und nun gehts mit mir zu End. (...) Aber sag doch, wo ist der König?" „In Schloß Berg." „Also schon dort? Seit wann?" „Seit heut. Doktor Gudden ist bei ihm." „Ein Irrenarzt?" „Ja. Er wird natürlich heimlich bewacht." (...) „Wann er nur auch dort im Schloß ist und nicht anderswo! Oh, wann ich laufen könnt! Ich rennt nach Berg, um zu sagen, daß sie den König nicht herauslassen sollten, ja nicht in das Wasser!" „Warum denn?" „Weil er ertrinken wird, wann er ins Wasser kommt! Ich habs gesehn!" „Es hat dir geträumt?" „Nein, es war kein Traum. Ich hab nicht geschlafen, sondern nur die Augen geschlossen und so in mich hineingeschaut. Da sah ich den König ins Wasser gehn, tiefer und immer tiefer, bis es über ihm zusammenschlug." (...) Da erklang auf einmal von See her der laute Ruf: „Forstner, weißt das Neueste, Schreckliche? (...) Der König wird gesucht; er ist fort zum Wasser, und niemand kann ihn finden!" Da fuhr der Sepp kerzengrad im Bett empor, ein Bild starren Schreckens. „Herrgott, er ertrinkt, er ertrinkt!" (...) Dann brach er zusammen.

Im öffentlich zugänglichen Teil des Parks von Schloß Berg ließ die Königinmutter Marie ihrem verstorbenen Sohn eine schlichte Totenleuchte aufstellen, die später in die Treppenanlage der Gedächtniskirche integriert wurde. An der Stelle, wo die Leiche des Königs gefunden wurde, am flachen Seeufer, war 1887 ein liegendes und 1919 ein stehendes Gedenkkreuz errichtet worden. Es mußte, Souvenirjägern und Vandalen trotzend, inzwischen mehrfach erneuert werden

Badevergnügen, Burgen und Mühlen – Von Petersbrunn bis zur Reismühle

Die Würm verläßt den Starnberger See inmitten der 1883 gegründeten Werft von Anton Rambeck. An der Stelle der hölzernen Nepomukbrücke befindet sich seit altersher eine Brücke. Nach einem Signalton kann sie nach oben klappen, um einem der vielen tausend Segelboote den Zugang zum See zu öffnen.

Nördlich der Autobrücke durchfließt die Würm das Leutstettener Moos. Hier beginnt die 35 km lange Flußreise der Würm bis zu Ihrer Mündung in die Amper, östlich von Dachau.

Die Bootshäuser des Segelclubs liegen entlang den ersten Metern der Würm.

Starnberg. Abfluß der Würm aus dem Starnberger See.

Die vom
Starnberger See
kommende
„Alte Würm" (links
unten) fließt
in den Truhensee.
Weiter oben
der Goldsee.

Das Leutstettener Moos

Das Leutstettener Moos entwickelte sich als Niedermoor (bayerisch = „Moos“) auf einer zum Seeboden abgedichteten Senke. Verantwortlich dafür sind Gesteinsanschwemmungen aus dem Maisinger Bach und aus dem Lüß-Bach. Auf Ablagerungen im stehenden Wasser wachsen Schilfe, Wasserpflanzen und Bäume, solange genügend Nährstoffe vorhanden ist. Sind die Nährstoffe verbraucht, sterben die Pflanzen und Bäume ab. Ihre Zerfallsprodukte bilden einen Bestandteil der Torfschicht, die am östlichen Rand des Leutstettener Mooses, im Wildmoos, ablagert. 1985 wurde das Leutstettener Moos zum Naturschutzgebiet von regionaler Bedeutung erklärt: Schilfröhrichte und kleinflächiges Schneidbinsenröhricht wechseln mit Großseggen- und Kleinseggenriedern, Streuwiesen sowie natürlichen Bruchwäldern und Kiefern-Moorwäldern ab. Im Moos brüten einzelne vom Aussterben bedrohte Vogelarten, die in der „Roten Liste“ geführt werden.

Bis 1958 wurde im Wildmoos Torf abgebaut. Die verbliebene Mächtigkeit der Torfschicht beträgt stellenweise noch ein bis zwei Meter.

Die Würm im Leutstettener Moos.

Abwasserabfluß der Kläranlage Starnberg in die Würm, die bis dahin noch fast Trinkwasserqualität besitzt.

Im Leutstettener Moos

Im Leutstettener Moos
Truhensee

Im Leutstettener Moos

Leutstettener Moos

Im Leutstettener Moos

Wildbad Petersbrunn

Der Naturschutzgedanke konkurriert im Leutstettener Moos in gewisser Weise mit der Notwendigkeit der Abwasserentsorgung der Stadt Starnberg, die 1963 ihr Klärwerk bei Petersbrunn eröffnete und die Würm als Vorfluter sowie als Überlaufbecken nutzt. Der Starnberger See ist im Sommer der Badesee der Münchner Bevölkerung. Das Baden im Ausfluß des Sees wird nicht mehr empfohlen. Dabei kann gerade Petersbrunn auf eine lange Tradition als Badeort zurückblicken.

> *1513 ließen Mönche des Klosters Schäftlarn am Schönberg die Kapelle St. Peter erbauen und nannten die Stelle über einer Quelle Petersbrunn. Im selben Jahr errichteten sie dort „in der Wildnis" einen Badebetrieb ein, das „Wildbad" Petersbrunn. Die überlieferte Badordnung von 1513 enthält Hinweise auf die räumliche Organisation des Badeortes Petersbrunn: „Der Rinnsal der Quelle wurde herab bis zum Hause, und der Abfluß an die Würm ordentlich aufgefangen, und auch eine Reserve (Brunnen) angebracht. Das Badhaus war von Holz und mit Ziegelhaken bedeckt (...).*
> *Ringsum war der Platz aufgeschüttet und geebnet. Auf denselben stunden die Buden der Köche, Schenken und Krämer, nebenan eine Hütte für die Armen, wo das Wasser für sie gesondert gesotten [heiß gemach] wurde; andererseits stund eine Stallung für die kurfürstlichen Hofpferde. Und die Laubhütten und Schlafhütten, welche einzelne Unternehmer [vermögende Kurgäste oder „Vermieter"] gebauet hatten, mögen wohl zerstreut zwischen ihnen gestanden haben. Unfern dieser Hofstatt stand das gezimmerte Haus des Badrichters und Schreibers. Die Kirche, wie itzt zu sehen, über der Heilquelle. (...)*
> *Item, man soll füran kein Hütten mehr oben am Berg des Brunnens, und Wegs leiden; dann von denselben Hütten werden durch tägliches Aufgiessen die Weg so sehr zerfaulet, da man sie nicht wandeln mag."*
>
> (Nach J. von Klöckl, 1817)

Gebadet wurde in Badehütten und in der Würm. Jeden Tag hielt ein Priester die Messe. Nach der Eröffnung des „Wildbades" entstanden in Petersbrunn auch eine „Restauration" und ein Badehaus. Der Betrieb im monatelang einsam daliegenden

Petersbrunn
Kapelle St. Peter

Petersbrunn.

„Badeort" Petersbrunn kam nie so recht in Schwung. Die Einrichtungen verfielen. Um 1815 unternahm der Leutstettener Schloßherr den letzten Versuch der Wiederbelebung des „Wildbades", nachdem Stellwägen und Postzustelldienste auf der Chaussée München-Weilheim über Wangen die Erreichbarkeit von Petersbrunn verbessert hatten.

Petersbrunn. Ausschnitt des Mahnmals
zum Todesmarsch der Häftlinge des KZ Dachaus.

Zur Unterhaltung der Gäste bei ihrer mehrwöchigen Badekur wurde die Landschaft um das Wildbad für Freizeitvergnügen, gesellschaftliche Veranstaltungen und ausgedehnte Promenaden, bei denen die neueste Mode vorgeführt wurde, gestaltet: Der Aussichtpunkt „Parapluie" lockte, es wurden Bootsfahrten auf der Würm angeboten, Neubauten für Badegäste errichtet und das Schloß Leutstetten in den Bade- und Kurbetrieb miteinbezogen:

> *„Das Badhaus ist im englischen Style vom Grund auf erbauet; frey und umsichtig ist es selbst ein schönes Stück im grossen Landschaftsgarten. Im Erdgeschosse die Vorrichtung zum Baden. Sechs hohe lichte Zimmer nehmen bequem zwölf kupferne Wannen auf, und ausser diesen sind in zwey Nebengebäuden des Schlosses vier Zimmer mit kupfernen Wannen angebracht; endlich wird mit einer Zahl hölzerner Wannen in einem Nebenhause für die geringere Klasse der Hülfe suchenden die Sorge getragen. Unter dem Fußboden wird die Quelle aufwärts getrieben in die Reserve; von da an fließt sie in die Sudpfanne, und hierauf durch Röhren kann der Badende in der Wanne sich selbst bedienen. Im ersten Stock des Badhauses befinden sich die schönen Wohn- und Speisezimmer. Im zweyten Stock sind mit gefälliger Benutzung kleinere Zimmer und Bedienstetenstübchen angebracht. Das Wirtshaus nimmt […] auch einige Gäste auf; neben selben ist die Stallung für die Pferde der Fremden. Auch im Schlosse können die Gäste sich bestellen. Uebrigens ist den Gästen alles zu ihren Promenaden offen."* (Nach J. von Klöckl, 1817)

Nach einem Brand um 1863 wurden die Gebäude des Bades nur mehr notdürftig hergerichtet und der Badebetrieb wohl um 1875 endgültig eingestellt. Bis 1980 hatte die Feuchtigkeit der Quelle der Kapelle so zugesetzt, daß an Abbruch gedacht wurde. Bei der Renovierung verlegte man die Quellfassung nach außen. Vom „Wildbad" sind neben der Quelle und Kapelle nur noch Mauerteile des Badehauses in der Werkstatt gegenüber der Kapelle und das schmiedeeiserne Wirtshausschild (am Wirtshaus in Leutstetten) erhalten geblieben.

Das Dorf Leutstetten wurde bereits um 800 urkundlich erwähnt. Es lehnt sich an die steil ansteigende Endmoräne.

Leutstetten und Rieden – Wittelsbacher Mustergut mit Grabstätte

Leutstetten war als kleiner Ausbauort wohl von Gauting aus gegründet worden und erhielt um 1565 mit dem Schloß Leutstetten einen dominanten Ortsmittelpunkt. Der Hangbereich südlich des Schlosses wurde um 1830 zum Landschaftsgarten umgestaltet und lud die Besucher des Wildbades zum Spazierengehen ein. Auf dem „Leutstettener-See" konnte man sich dem Vergnügen der Bootsfahrt hingeben.

1875 erwarb Prinz Ludwig, der spätere König Ludwig III. von Bayern, das Schloß Leutstetten mit

Leutstetten
Innenraum der Kirche St. Alto

Leutstetten
Kirche St. Alto

Leutstetten.
Der Legende nach wurde zum Bau des Schlosses die Ruine auf dem Karlsberg abgetragen.

Von links nach rechts:

Eingangshalle

Fresken einer ehemaligen Kapelle im Flur des Obergeschosses, mit floralen Mustern, Engelsköpfen und den Bildern der vier Evangelisten.

Arbeitszimmer des Kronprinz Ruprecht, der bis zu seinem Tod 1955 hier gelebt hat.

Die Schloßherren Prinzessin Irmingard und Prinz Ludwig von Bayern.

dem Ökonomiegut Schwaige und dem Torfstich Wildmoos. Durch Zukäufe wurde der zum landwirtschaftlichen Mustergut ausgebaute Besitz um die Untere Mühle im Mühlthal, das Gut Rieden und das Gut Petersbrunn erweitert. Der königliche „Millibauer" ließ in Leutstetten Treibhäuser, Blumenrabatten und Gemüsebeete anlegen. 1915 wurde mit acht Stuten aus dem wittelsbacher Gut Sarvar in Ungarn der Grundstein zur Vollblutzucht in Leutstetten gelegt. Der Reitbetrieb des 60 – 100 Pferde umfassenden Gestütes ist heute für jederman offen.

Schwerpunkt der durchrationalisierten Landwirtschaft auf dem Gut Schwaige waren der maschinenunterstützte Futteranbau und die Viehwirtschaft. Der Boden wurde durch Kunstdünger aufgebessert. Unter die angebauten Futterpflanzen Klee, Wicke, Luzerne und Kartoffel mischte man zuge-

Schloßgaststätte Leutstetten

kauften Mais. Eine Dampfmaschine unterstützte das Dreschen und Putzen der Futtermittel. In der Spiritusbrennerei konnte hochwertiges eiweißhaltiges Kraftfutter mit einer 20 PS starken Dampfmaschine für die Kühe in Leutstetten, Schwaige, Leutstetten und Rieden hergestellt werden.

Der kleine Ausbauort Rieden bestand zur Gründungszeit, wohl im 8./9. Jahrhundert, aus drei Hofstellen. Auch gegenwärtig gibt es in Rieden nur drei Gebäude mit Wohnräumen. Nachdem König Ludwig III. das Gut übernommen hatte, mußte das Melk- und Stallpersonal täglich baden und sich vor jedem Melken gründlich waschen. Der Stall war kanalisiert und „ventiliert“. Es gab auch einen eigenen Duschraum für Kühe. 1915 lieferten die 58 Kühe rund 700 l Vorzugsmilch am Tag. Wegen der hohen Investitionskosten blieben die Nettoerträge des Mustergutes jedoch gering. 1978 wurde das Gut an einen Münchner Landwirt verkauft, der auf dem Anwesen eine 18-Loch-Golfanlage anlegte. Gegen Befürchtungen des Biotop-, Wasser- und Landschaftsschutzes hat sich das Argument durchgesetzt: „40 Golfer belasten die Landschaft weniger als 100 Kühe, (...) ein paar hundert zusätzliche Autos der Golfer spielen keine Rolle“. Die Spieler haben auf der landschaftlich attraktiven Anlage den Starnberger See und bei gutem Wetter die Alpenkette im Blick.

An die Zeit der wittelsbacher Herrschaft über das Gut Rieden erinnern am Friedhof und in der Kirche St. Peter und Paul einige Gräber: Ihre letzte Ruhe

Die Kirche St. Peter und Paul in Rieden.

In der seit Jahren wegen Renovierung geschlossenen Kirche liegt das Grabmahl einer Tochter Ludwig III., der Prinzessin Mathilde von Sachsen-Coburg-Gotha.

Friedhof Rieden.
Feodor Lynen erhielt 1964 den Nobelpreis für Medizin.

fanden hier die Schwester von Kronprinz Rupprecht, Prinzessin Mathilde von Sachsen-Coburg-Gotha (1877-1906), Prinz Antonius (Haus Sachsen-Coburg-Gotha, gestorben 1970), Herzog Ferdinand von Kalabrien (1869-1960) und Gemahlin Maria (1872-1954), Roger von Bourbon (1901-1914) und Maria Antonietta von Bourbon (1889-1957), daneben auch der Nobelpreisträger für Physiologie und Medizin von 1964 Feodor Lynen (1911-1979), ein „Bahnwärter von Mühlthal" und eine „Tageslöhnersgattin in Petersbrunn".

Das eindrucksvollste Grabmahl Riedens entstand 1907 für Prinzessin Mathilde von Sachsen-Coburg-Gotha und befindet sich in der Kirche. Prinzessin Mathilde hatte mit 23 Jahren den Prinzen Ludwig von Sachsen-Coburg-Gotha geheiratet. Ihre Ehe war von Todesahnungen überschattet. 29jährig starb sie und hinterließ Gedichte voller Schwermut: Mein Jugend ist vergangen / wie ein lindes Frü[h]lingswehn. / Hab mir kein Glück erfangen, / hab's im Traume nur gesehn.

Der Würmdurchbruch im Mühlthal – ein bayerischer „Cañon"

Nördlich der Orte Leutstetten und Rieden bilden zwei halbkreisförmig verlaufende Endmoränenwälle der Würmeiszeit die oberen Ränge des sogenannten „Leutstettener Amphitheaters". Die höchsten Punkte dieser Stillstandsränder des Isar-Loisachgletschers vor dem Eiszerfall sind der Schönberg bei Petersbrunn, der Standort des Bahnhofs Mühlthal, der Karlsberg und die Mathildenhöhe bei Leutstetten. Im Mühlthal durchbrach die Urwürm die Endmoränenwälle der Würmeiszeit. Der Urstrom transportierte Schotter in das bis Buchendorf und Neuried reichende Altmoränengebiet und schließlich in die Münchner Schotterebene. Nur 3 ‰ Gefälle hatten der Würm genügt, um sich von den Höhen des Karlsbergs und Schönbergs bis zum Boden des Mühlthals über 50 Meter tief in Schotter und wasserstauende Gesteinsschichten einzusenken. Die Breite des Durchbruchstals beträgt am Talboden knapp 100 Meter.

Das Würmtal zwischen Mühlthal und der Reismühle zählt zu den schönsten Flußlandschaften Bayerns und steht vollständig unter Naturschutz. Sein „landschaftlicher Styl" hat im 19. Jahrhundert die Landschaftsmaler in Scharen angezogen und manchen Hobbymaler findet man heute noch am Würmufer mit Staffelei und Pinsel sitzen. Der Zauber und die Poesie der Landschaft öffnen sich nur dem Wanderer. Ein Gehölzsaum mit Erle, Esche, Ulme, Berg- und Spitzahorn begleitet den Fluß und seine fast strömungsfreien Nebenarme. Im Fließwasser der Würm liegen zahlreiche langgestreckte Inseln, die mit typischen gewässerbegleitenden Gehölzen bewachsen sind. Die angrenzenden Hänge mit Buchen-Hainbuchen-Mischwald reichen bis an das Würmufer heran. Der mäandrierende Würmlauf wird stellenweise von einer kleinen Wiesenaue begleitet, die sich zu weiherartigen Wasserflächen ausweiten kann und an das Hochufer mit Hochstaudenflur anlehnt. Bis zum Bau der Talstraße um 1875 war das Durchbruchstal nur zu Fuß erreichbar. Infolge des zeitweise beträchtlichen Verkehrsaufkommens einer automobilen Freizeitgesellschaft mußte im Durch-

Das Würmtal
zwischen
dem Karlsberg
und der
Reismühle.

Würmschleife bei der Reismühle.

bruchstal eine Notrufsäule installiert werden. Stimmen, die zur Schließung der Talstraße für den Autoverkehr aufrufen, wurden bereits laut.

Im Mühltal – der Name verrät es bereits – wurden früh schon Wassermühlen errichtet, die aus der hohen Fließgeschwindigkeit der Würm wirtschaftlichen Nutzen zogen. Die Enge im „Cañon“ wirkt mit der dort durchschießenden Würm wie ein Mühlbach: Das durchschnittliche Gefälle im Würmbett von 3,2 Meter auf einen Kilometer Flußstrecke steigert sich im Mühltal auf bis zu 6 ‰. Die „Holzschleif“ liegt bereits 14 m tiefer als der Starnberger See, und bis zur Reismühle fällt das Flußbett nochmals um neun Meter ab. Außerdem regulieren der „vorgeschaltete“ Starnberger See und das Leutstettener Moos die Wassermenge der Würm und gleichen die Wassertemperatur bis zur Reismühle aus. Hochwasser der Würm sind daher selten und zumeist auf Flußbettverengungen durch Grundeis und Eisgang zurückzuführen.

Nicht nur im Mühlthal, an vielen Stellen der Würm entstanden infolge dieser Vorzüge Mühlen. Die Würm war bereits im Mittelalter einer der wichtigsten Mühlenflüsse in Bayern.

Am Höhepunkt der Mühlenzeit der Würm – um 1907 – lagen 27 Wehranlagen am Fluß:

1. Wehr der Mühle im Mühlthal, „seit unvordenklicher Zeit“
2. Wehr unterhalb Mühlthal, „unwiderruflich seit 1894 “
3. Wehr der Reismühle, „unwiderruflich seit 1894“
4. Wehr der Werkzeugfabrik oberhalb Gauting, „widerruflich seit 1895“
5. Wehr der Mühle und des Elektrizitätswerks Gauting; Mühle „seit unvordenklicher Zeit“, Elektrizitätswerks „unwiderruflich seit 1899“
6. Wehr der Leder- und Papierfabrik Gauting, Instruktionsverfahren läuft noch
7. Wehr der Papierfabrik Gauting, „unwiderruflich seit 1887“
8. Wehr der Spunddreherei unterhalb Gauting, „unwiderruflich seit 1887“
9. Wehr der Grubmühle, „widerruflich seit 1880“
10. Wehr der Metallfabrik in Stockdorf, „widerruflich seit 1880“
11. Wehr des Sägewerks unterhalb Stockdorf, „unwiderruflich seit 1895“
12. Wehr der Mühle in Krailling, „unwiderruflich seit 1896“
13. Wehr in Planegg, „widerruflich seit 1889“
14. Wehr in Steinkirchen, „unwiderruflich seit 1896“
15. Wehr in Gräfelfing, „unwiderruflich seit 1869“
16. Wehr der Pappenfabrik unterhalb Gräfelfing, „unwiderruflich seit 1898“
17. Wehr der Papierfabrik oberhalb von Pasing, „unwiderruflich seit 1841“
18. Wehr der Kunstmühle Pasing, „unwiderruflich seit 1869“
19. Wehr der Papierfabrik (Stiefel & Manzinger) in Pasing, „unwiderruflich seit 1890“
20. Wehr der Wolldeckenfabrik in Pasing (Hilsenbeck), „unwiderruflich seit 1886“
21. Wehr der Mahlmühle in Obermenzing, aufgelassen, „unwiderruflich seit 1869“
22. Wehr der Brotfabrik in Untermenzing, „unwiderruflich seit 1869“
23. Wehr der Mahlmühle in Untermenzing, „unwiderruflich seit 1875“
24. Wehr der Mahlmühle in Allach, „unwiderruflich seit 1869“
25. Wehr I der Pappenfabrik Augustenfeld, „widerruflich seit 1889“
26. Wehr II der Pappenfabrik Augustenfeld, „widerruflich seit 1877“
27. Wehr der Mühle in Prittlbach, Entstehungszeit unbekannt

Mühlenbann und Mühlenzwang

Mit dem Bau von Wassermühlen konnte der Schritt vom Einzelwerkzeug zur Maschine vollzogen werden. Die Nutzung der Wasserkraft hat wie später die Erfindung der Dampfmaschine die Industrialisierung vorbereitet. Dieser Schritt blieb dem Grundherren vorbehalten, der die Rechtsmittel „Mühlenbann“ und „Mühlenzwang“ anwenden konnte. Keine weitere Mühle durfte ohne seine Erlaubnis in der Nähe der Bestehenden errichtet werden. Anliegende Bewohner hatten die Dienste einer bestimmten Mühle in Anspruch zu nehmen. War die Mühle eine Sägemühle, so hatte der Grundherr zusätzlich das Holzschlagmonopol inne. Er kontrollierte die Ressourcen Wasserkraft und Holz. Voraussetzung zum sicheren und langfristigen Betrieb einer Wasssermühle boten nur Wasserbauten. Durch das Umleiten und Aufstauen von Flußwasser in einem Mühlbach oder Mühlweiher sorgten sie für ein größeres Gefälle und einen höheren Wasserdruck vor der Mühle. Die Wasserzuleitung zum Mühlbach wurde mit im Fluß verankerten Wehren geregelt. Eichpfähle markierten die zulässige Aufstauhöhe des „Oberwassers“, um flußabwärts liegenden Mühlen einen ausreichenden Wasserstand zu erhalten und um flußaufwärts liegende Mühlen vor Hinterwasser zu schützen. Das Mühlrad befand sich unmittelbar im Gefällesprung zwischen der „gespannten Wasserkraft“ im Mühlbach und dem schnell abfließenden „Unterwasser“ im Flußbett.

Ein wichtiger Standortfaktor jeder Mühle war somit die lokale Fließgeschwindigkeit des Flusses entsprechend der Streckensituation, an geraden Abschnitten, Flußverengungen oder nahe den Flutmulden kann sich das durchschnittliche Gefälle der Würm von 3,2 Metern auf einen Kilometer Flußstrecke erheblich ändern und damit die lokale Fließgeschwindigkeit variieren.

Das Pumpenhaus des Würmtal-Zweckverbandes, erbaut 1890/92, versorgt die Würmtalgemeinden bis Pasing mit Trinkwasser.

Die Francis-Turbine läuft im Pumpenhaus seit 100 Jahren ohne Unterbrechung und stellt das letzte technische Denkmal dieser Art im Landkreis dar.

Die ehemalige obere Mühle bei der heutigen Kapellerbrücke sowie die Untere Mühle gegenüber dem Forsthaus Mühlthal werden in Urkunden des 13. Jahrhunderts erwähnt. Im 16. Jahrhundert waren sie als Sägemühlen im Gebrauch. Auch die kurfürstliche Schiffshütte in Starnberg und die Erbauer von Badehütten in Petersbrunn mußten sich an den Obermüller wenden. Die Obere Mühle war um 1820 abgetragen worden. Ihre Wehrbauten und eine Würminsel gingen bei der Würmregulierung um 1836 verloren. Am Ufersaum zeichnen sich im Gelände nur noch einige wenige Spuren des Mühlenbachs und einer Insel in der Würm ab. Das „Schusterhäusel" entstand um 1827 aus Abbruchmaterial der Oberen Mühle.

Die Untere Mühle war 1890 zur „Kunstmühle" ausgebaut worden. In Kunstmühlen konnten maschinell betriebene Reinigungs-, Kühl- und Saugaggregate ohne Menschenkraft Tag und Nacht in Betrieb gehalten werden. Im Jahre 1892 wurde schließlich das Pumpenhaus westlich der Unteren Mühle in Betrieb genommen. Eine Francisturbine treibt bis heute zwei mechanische Kolbenpumpen an, die Trinkwasser aus der Quellfassung südwestlich der Mühle in Hochbehälter beim Bahnhof Mühlthal pumpen. Von dort fließt es dem Gefälle folgend in Leitungen parallel zur Bahntrasse zu den Würmtalgemeinden und bis Pasing. Die Wasserversorgung mußte für die rasch zunehmende Wohnbevölkerung vor allem in den Villenkolonien zwischen Gauting und Pasing

Zur Schmierung des Pumpwerkes wird Rapsöl verwendet, um eine Verschmutzung des Wassers zu vermeiden.

aufgebaut werden. Eine „königliche" Wasserleitung führte bis vor kurzem noch zum Schloß Leutstetten. Die Wasserqualität ist seit einiger Zeit durch Abwasser und Einschwemmungen im Einzugsbereich des Wasserschutzgebiets Mühlthal getrübt. Immer häufiger muß das Quellwasser in die Würm statt in die Hochbehälter gepumpt werden. Das wird in Kauf genommen, um die technische Ausstattung intakt zu halten. Jeder Stillstand der Pumpen würde den zerstörerischen Rostaufbau begünstigen und zur Stillegung des technischen Denkmals führen.

Nach dem Erlaß der Gewerbeordnung 1808 und der gesetzlichen Garantie der Gewerbefreiheit konnten Mühlbetriebe ohne Bann- und Zwangrechte frei wirtschaften. Der Kundenkreis und die Produkte der Mühlen änderten sich. So befand sich 1864 nördlich des Forsthauses Mühlthal eine Pulvermühle. Das Schwarzpulver wurde wohl für den Straßen-, Bahn- und Tunnelbau verwendet. Die Herstellung war nicht ungefährlich.

Kronprinz Rupprecht berichtete aus seiner Kindheit um 1870/1880 im Schloß Leutstetten: „Eines Tages flog die Pulvermühle mit lautem Getöse in die Luft. (...) Später ist die Mühle noch öfter in die Luft geflogen." Im Jahre 1893 ließ schließlich der königliche „Millibauer" des Musterguts Leutstetten, Ludwig III., dort drei Fischzuchtteiche einrichten. Um 1900 gab es bereits 20 Teiche. Die Zuchtanlage wird gegenwärtig vom Verband der Kreissportfischer gepachtet.

Karlsberg

Die Burg auf dem Karlsberg und der Schlossberg – Wächter des „Cañon"

Auf den höchsten und steilsten Schotterbergen über dem „Cañon" der Würm standen Burgen. Deren genaue Entstehungszeit und Bedeutung ist umstritten. Wie Wächter des Cañon lagen die Burg auf dem Karlsberg bei Leutstetten und eine Befestigung auf dem Schloßberg bei der „Holzschleif" südlich der Reismühle.

Der Geschichtsschreiber Johannes Aventin nahm sich im 16. Jahrhunderts der in Chroniken und Volkssagen überlieferten Karlserinnerungen an. Darin war von einer „Wildnis zwischen Mühlthal und Weihenstephan" die Rede. Durch die gedankliche Verlängerung des Mühlthales bis zur Reismühle bei Gauting konnten diese Karlserinnerungen durch Aventin ihren räumlichen Niederschlag finden: „Kaiser Karl [der Große] ist geboren worden, als man zählet nach

Karlsberg.
Mauerreste der ehemaligen Karlsburg.

Karlsberg.
Das Plateau erreicht eine Länge von etwa 110 m und eine Breite von 65 m.

Karlsberg.
Die Wurzeln der Bäume umklammern die Reste der Burg auf dem Karlsberg.

Christi Geburt siebenhundertundzweiundvierzig Jahre zu Karlsberg auf dem Schloß am Wirmsee, drei Meilen oberhalb München (wie denn die Inwohner das noch sagen, auch bezeugt ein ganzes Buch, vom Kaiser Karl handelnd und zu Weihenstephan im Kloster auf dem Berg bei Freising noch vorhanden), allwo dieser Zeit König Pippin, sein Vater, Hof hielt." Fast um seine nicht weiter belegte Deutung zu stützen, sprach Aventin sodann das „Schloß am Wirmsee" auch als „Karlsburg" an. Der Kartograph Philipp Apian bezeichnete in seiner „Großen Karte" von Bayern die Burgruine auf dem Karlsberg um 1560 dann auch als „Carlspurg". Bei dem Namen ist es geblieben.

Es scheint, daß Aventin bei der Darlegung der „Ahnen-" und Vorgeschichte der Wittelsbacher die Karlssage und die zur dynastischen Vaterfigur aufbaubare Gestalt Karls des Großen gerade recht kamen. Bis heute werden als mögliche Zeugungs- und Geburtsorte - will man sich nun tatsächlich auf das Würmtal festlegen - die Reismühle an der Würm bei Gauting, die Untere Mühle im Mühlthal und die Burg auf dem Karlsberg genannt. Der erste urkundliche Nachweis einer Burg auf dem „Karlsberg" datiert in die Jahre 1171/1172. Die Reismühle wird archivalisch erst 1281 greifbar. Das schließt ein höheres Alter nicht aus.

Eine Burg auf dem Karlsberg war von den Wittelsbachern auch als Vorposten an der Grenze zum Machtbereich der Grafen von Andechs genutzt worden. Deren Burg war das „castrum Starnberch". Nachdem die Wittelsbacher Starnberg im 13. Jahrhundert erobert hatten, wurde die Burg auf dem Karlsberg bedeutungslos und verfiel ca. 1310–1320. Einige Funktionen der Burg übernahm im 16. Jahrhundert das Schloß Leutstetten. 1816 hatte der Besitzer des Schlosses Leutstetten am Karlsberg einen Marmorobelisken zu Ehren Karls des Großen errichten lassen. Ihm beigestellt wurde eine künstliche Ruine aus Abbruchteilen des „säkularisierten" und abgetragenen Münchner Franziskanerklosters, so daß sich „römisch-dorische Kapitäle" auf dem Karlsberg befanden. Schon 1914 wurden diese prompt als „merowingisch-karolingisch" deklariert. Bis zur Klärung der Herkunft der Bauteile um 1952 lebten die Karlserinnerungen neu auf. Nach Grabungen um 1837 scheint sicher zu sein, daß die Burg aus einer im wesentlichen nach Südosten gerichteten Mauerbefestigung bestand. An der Mauer standen sieben nach innen offene Türme. Um die Burg war das Gelände eingesteilt worden und die terrassierten Zugänge sind wohl mit Palisadenzäunen bewehrt gewesen. Auf Landschaftsbildern des 19. Jahrhunderts ist der Karlsberg sehr licht bewaldet dargestellt.

Die wenigen erhaltenen Mauerreste auf dem Karlsberg werden mit der Sage der Schloßfräulein verbunden, die drei eiserne Truhen im verfallenen Kellergewölbe bewachen mögen. Ein Mühlenknecht der Oberen Mühle bei Leutstetten soll sie an einem Weihnachtsabend gesehen haben, als er über den Karlsberg zur Christnachtfeier nach Leutstetten unterwegs war. Auf dem Bergplateau erblickte er drei wunderschöne Fräulein, die helle Lichter in ihren Händen trugen und leise sangen: „Wir sind die Fräulein vom Schloß. Ein böser Fluch hält uns gefangen. Wenn du uns befreist, wollen wir dich reicher wie einen König machen. Willst du uns retten?" Der Mühlenknecht nickte stumm, aus Angst die Geister könnten ihm etwas antun. Er folgte den weißen Fräulein durch die verwilderten Parkanlagen, halb verfallene Gewölbe und unkrautüberwucherte Mauerreste. Endlich blieben sie vor einer verrosteten, dicken Bohlentüre, die er noch nie gesehen hatte, stehen. „Wenn du uns erlösen willst, mußt du durch diese Pforte treten. Du wirst dann an neun verschlossene eiserne Türen kommen, durch sie mußt du hindurchgehen. Hinter jeder lauern böse Geister, die dich ängstigen wollen. Wenn du den Mut nicht verlierst und alle Tore durchschreitest, kommst du in den Raum, in dem die Truhen stehen. Sobald du ihre Deckel geöffnet hast, ist der Zauber gebannt und wir sind befreit. Zum Dank soll dir dann der ganze Schatz gehören." Der Mühlknecht legte mutig die Hand an den Griff der Türe und öffnete sie. Da vernahm er mit einemmal ein grauenhaftes Stöhnen, so furchterregend wie es aus keines Menschen Mund kommen könnte. Der Bursche, der sonst recht tapfer war, wurde weiß wie ein Leichentuch und es lief ihm vor Schreck in eiskalten Schauern über den Rücken. Er wandte sich um und fegte wie von Furien gehetzt den Schloßberg hinunter. Hinter sich vernahm er die wehklagenden Rufe der um ihre Befreiung betrogenen Fräulein. Doch er hielt nicht inne und schaute nicht zurück. Erst als er in der Mühle angelangt war, schöpfte er Atem.

(Nach Günter Baumann)

Nahe dem Schloßberg finden sich ein eschenreicher Auwald und altwasserartige Sumpfstellen mit Wasserschwertlilien. Der Buchenmischwald lädt zu ausgedehnten Wanderungen ein. Am Schloßberg beim nördlichen Eingang in die Talenge stand eine zweite Burg, über die wenig bekannt ist. Auffallend ist ihre Lage in Nähe zur ehemaligen Römerstraße Kempten-Gauting auf der gegenüberliegenden Würmhochterrasse.

Auf alten Flurkarten erschienen Reste der Burg auf dem Schloßberg erst 1864 und dürften nicht viel früher von der Wissenschaft „entdeckt" worden sein. Der Gautinger Geschichtsforscher Wolfgang Krämer hatte die Anlage wegen eines Vorwerks mit Schanze, Ringwall und Graben am westlichen Würmufer als eine palisadenbewehrte Fluß- und Straßensperre gedeutet: Krämer schrieb: „Vor allem fällt im Osten der noch 8–10 Meter tiefe, etwa 20 Meter breite und 70 Meter lange Abschneidegraben auf, der die eigentliche Festung vom rückwärtigen Gelände trennt. Die durch das Abgraben freigewordenen Erdmassen wurden zum kleineren Teile südlich, zum größeren Teil nördlich in der Richtung gegen die frühere Holzschleiferei hinabgeschüttet und sind als Erhöhung am Berghang deutlich sichtbar. Ein mit dem Hauptgraben nicht parallellaufender Erdwall auf der Hochfläche im Osten bildet das erste Annäherungshindernis [für angreifende Feinde]. Durch den Hauptgraben wurde die eigentliche Festung in Form eines langgestreckten, gegen Westen sich stark verjüngenden Trapezes herausgebildet." Das Vorwerk auf der Angriffsseite dient vermutlich dem Schutz von Wirtschaftsgebäuden, Mannschaften und Pferden.

Ein Flurplan des Würmtals von 1809 bezeichnet die flache Uferstrecke unterhalb des Schloßbergs als „Großen Anger". Um 1836 wurde an dieser abgelegenen Stelle eine Pulvermühle errichtet, die bis 1888 Schwarzpulver für den Bahn- und Tunnelbau hergestellte. Relikte der Anlage sind kleine Stichgräben, die zu explosionsgefährdeten und daher wasserumflossenen Mühlhäuschen der ehemaligen Pulvermühle führten. 1893 erwarb der Besitzer der Papierfabrik in Gauting das Areal und baute die Anlage zur „Holzschleif" um. In der Holzschleif wurden Baumstämme geschält oder „geschliffen" und Papiervorprodukte hergestellt. Die Endverarbeitung der Halbfabrikate erfolgte anschließend in der Gautinger Papierfabrik. Der geradegezogene Mühlbach entstand erst 1896 als Zuleitung zu einem kleinen Elektrizitätswerk, das immer noch mit dem Elektrizitätswerk in der Gautinger Ortsmühle verbunden ist. 1907 leistete die Turbine 54 PS und war eine der stärksten im ganzen Würmtal. 1955 steigerte eine Francis-Turbine die Leistung auf 120 kW. Nach der Schließung der Papierfabrik erzeugt das Elektrizitätswerk für das ansässige Busunternehmen sowie den Reit- und Fahrverein und bei Überschuß auch für die Isar-Amperwerke Strom. Im Verbund mit dem Elektrizitätswerk an der Gautinger Würmbrücke werden rund eine Million kWh im Jahr produziert – Energie im Wert von rund 300 Tonnen Öl.

Römerstrassen, Hügelgräber, die Reismühle und der Reismühlfischer von Königswiesen

Vor dem Eintritt in die Münchner Ebene bei der Reismühle lädt der Saum einer Würmschleife mit auwaldartiger Sumpfstelle, abgestorbenen Bäumen und angrenzender Aufschüttung mit Weiden und Erlen-Eschen-Gebüsch zum Verweilen ein. Vermutlich war das schon zur Zeit der Römer so. Das enge Durchbruchstal der Würm weitet sich nun zum offenen Reismühler Feld und dem Talraum um Gauting. In Gauting trafen zwei Römerstraßen zusammen. Die eine kam von Bregenz am Bodensee und verlief am westlichen Hochterrassenrand des Durchbruchstals an Rieden, der Ulrichkapelle in Königswiesen und unserem Rastplatz vorbei zur Reismühler Straße in Gauting. Die andere verband Augsburg mit Salzburg und querte das Würmtal in Gauting.

Die römische Kunststraße auf dem Hochterrassenrand des Durchbruchstals war vermutlich auf einer noch älteren Wegeführung angelegt worden. Das läßt die Aneinanderreihung vorgeschichtlicher Grabstätten bei der Altstraße vermuten. Im oberen Würmtal erwies sich der Königswieser Forst zwischen der Bahnstation Mühlthal und der Ulrichskapelle in Königswiesen als ergiebiges Fundareal mit vorgeschichtlichen Grabhügeln. Sie waren im

Zuge der Arbeiten an der Bahntrasse Pasing-Starnberg um 1854 bekannt geworden. Vor den Trassierungen soll es dort über 200 Grabstätten gegeben haben, 1905 waren nur noch 28 zu erkennen. Die zugehörigen Siedlungen werden in ehemals umgebenden Waldlichtungen und nahe der Würm vermutet. Der Standort des Gräberfeldes war zur Entstehungszeit vor rund 3500 Jahren wohl noch weitgehend baumlos und bot eine ausgezeichnete Fernsicht nach Süden auf die Alpen, nach Norden auf die Münchner Schotterebene und nach Osten in das Würmtal.

Zum Grabhügel „No. 5" der „Gruppe XIV Mühlthal" schrieb der Ausgräber Julius Naue 1891: „Die ausserordentlich sorgfältige und von den sonstigen Regeln abweichende Bestattung der weiblichen Leiche, die für die ältere Bronzezeit so überaus reichen Schmucksachen und das von mir in keinem Bronzezeitgrab gefundene Würdezeichen, welches unter die rechte Hand gelegt war, lassen, neben der bevorzugten Lage des Grabhügels und dem ausnahmsweisen Bau derselben, darauf schliessen, dass hier eine sehr hochgestellte Frau, die wir vielleicht als Seherin oder Priesterin, auf jeden Fall aber als mit einer hohen Würde bekleidet anzusehen haben, bestattet worden ist." Die neuere Forschung datiert die Grabhügel in die Zeitspanne von der mittlere Bronzezeit bis zur Hallstattzeit (ca. 1600-500 v. Chr.).

Nördlich des vorgeschichtlichen Friedhofs entstand die 977 erstmals erwähnte Siedlung „Chuningiswisun". Die Siedlung setzte sich wohl ursprünglich aus zwölf Hofstellen zusammen, die eng mit karolingischem Besitz im Würmtal verbunden waren. Um 1280 diente Königswiesen u.a. als Schwaige (Viehhof). Zu zwei Höfen gehörte ferner die „Reismul an der Wirm" , die Grubmühle und das Fischrecht bis zur Gautinger Ortsmühle.

1507 entstand in Königswiesen ein herzogliches Jagdschloß mit drei Roßställen für 26 Pferde und einem Hundestall für 70 Jagdhunde. Beim Jagdschloß wurde um 1524 die Kapelle St. Ulrich erbaut. 1809 lebten noch elf Einwohner in der Lichtung. Der letzte Bauer von Königswiesen, Anton Haller, dessen Waldwiesen von der Trasse der Bahnstrecke Pasing-Starnberg 1854 durchtrennt worden waren,

Königswiesen, Kapelle St. Ulrich. Im Hintergrund der Reiterhof bei der ehemaligen „Holzschleif".

Königswiesen
Kapelle St. Ulrich, spätgotisch (um 1524).

verkaufte 1857 den Besitz und zog nach Buchendorf. Bis auf die Kapelle St. Ulrich wurden 1864 alle Gebäude von Königswiesen abgetragen, die Lichtung wurde aufgeforstet. Der aufgegebene Siedlungsplatz blieb bis zum Bau der Würmtalstraße um 1875 ein Knotenpunkt mehrerer Wege auf der Hochterrasse über der Würm. Von der Kapelle führte ein Hohlweg zur Würm und der Burg am Schloßberg. Seit 1958 trägt ein neuer Ortsteil von Gauting den alten Namen: Königswiesen.

Die Römerstraße verließ am nördlichen Ende des Durchbruchstals der Würm die Hochterrasse und erreichte vor der Reismühle den Talboden der Würm. Noch 1840 soll sich in dem Bereich ein römischer Meilenstein befunden haben, der – so die Angabe stimmt – auch in Beziehung zu einer 1984 dort aufgedeckten römischen Kultstätte zu bringen

Reismühle

wäre. Die Kultstätte bestand wohl aus einem Holzgebäude und barg eine seltene römische Standarte mit Bronzelöwen und Löwendoppelköpfen. Münzfunde lassen auf eine Begehung der Kultstätte bis ins 3. Jahrhundert schließen.

Am Rand der Kultstätte fanden sich auch Spuren einer Siedlung und zwei Aschenaltäre aus der keltischen Latènezeit (ca. 500 v. Chr. bis 50 v. Chr.). Aschenaltäre markierten die Mitte von Orten, an denen in der Latènezeit eine Kommunikation mit der Gottheit im Opfer möglich war. Das Fleisch der Opfertiere wurde wohl bei einem Festmahl verzehrt, die Knochen und Eingeweide auf den Altären verbrannt. Eine Parallelentwicklung dieser Kultplätze in der Latènezeit sind die Viereckschanzen. Hier bildeten Opferlöcher die sakrale Mitte der umwallten Kultstätte.

Die Reismühle wird wie die Untere Mühle im Mühlthal und die Burg auf dem Karlsberg mit Karl dem Großen in Verbindung gebracht. Die Sage ist mit historischen Mitteln nicht beweisbar, aber das gerade macht ihren Reiz aus.

„Pippin, König von Frankreich, hielt im Jahre 740 sein Hoflager zu Weihenstephan bei Freising in Bayern. Pippin begehrte Bertha, des Königs von Britania Tochter, zur Gemahlin und schickte deshalb seinen Oberhofmeister dahin, um seine Bewerbungen vorzubringen. Dieser aber, der seine eigene Tochter dem Könige statt Bertha überliefern wollte, beschloß diese töten zu lassen, und übergab sie in dem Walde bei Gauting seinen Knechten, welche sich ihrer erbarmten und sie entließen, worauf sie sieben Jahre lang als Magd diente. Als nur einmal König Pippin hier jagte und sich im Walde verirrte, kam er Abends auf die Reismühle und übernachtete daselbst. Hier sah er die schöne Bertha, welche ihm ihre traurige Geschichte erzählte. Pippin ehelichte sie, und sie gebar ihm Karl den Großen, den nachmaligen Kaiser." (Nach Chr. von Autin, 1803)

In der Reismühle wird die angebliche Wiege Karls des Großen als Blumenständer benutzt.

In der Reismühle wird die Holzwiege Karls des Großen seit Generationen mit berechtigtem Stolz aufbewahrt. Jede Altersbestimmung des Holzes würde den Zauber der Sage zerstören.

Bis 1833 befand sich auf der Würminsel bei der Reismühle das Reismühlerfischhaus. Die Pflichten des „Reis-Fischers" waren eindeutig:

„Alle Gattungen Fisch hatte er um einen laufenden Preis zuerst der Herrschaft anzubieten, besonders aber bei Anwesenheit der Herrschaft in Königswiesen nach jedem Fang sich zu melden und seine gefangenen Fische des Kaufs wegen anzutragen; auch wenn ein Fischotter gefangen wird, muß solcher jederzeit der Herrschaft angefeilt und gegen billige Bezahlung überlassen werden."

Im Jahre 1776 besaß die Reismühle vier Mahlgänge, einen Gerbgang für hartes Getreide, eine Sägemühle

Reismühle
Karl der Große

Reismühle
Schleuse und Turbinenhaus.

(heute Kunstschreinerei) und einen „Ölschlag". Nach dem Brand im Jahre 1925 wurde die Reismühle zur „Kunstmühle" umgebaut.

Kunstmühlen entstanden im Zuge der Automatisierung der Wassermühlen: Turbinen ersetzten die Mühlräder, Transmissionsriemen die Antriebswellen, eiserne Antriebswellen und Zahnkränze diejenigen aus Holz sowie Walzenstühle Mühlsteine. Maschinell betriebene und voneinander abkoppelbare Reinigungs-, Kühl- und Saugvorrichtungen ermöglichten ein automatisches Arbeiten, Ausmahlen und Mischen gleichzeitig auf mehreren Ebenen. Aus dem modernen Funktionsablauf ergab sich die mehrstöckige Bauweise. Es konnte nun Tag und Nacht weitgehend ohne Menschenkraft gearbeitet werden Moderne Sieb- und Sichtmaschinen wie der „freischwingende Plansichter" automatisierten das Mischen der Mehlsorten nach Ausmahlungsgrad. Das weitverbreitete helle Weizenmehl der Type 405 entspricht einem normierten Ausmahlungsgrad von 41%: in 100 g Mehl befinden sich noch 0,405 g Mineralstoffe. Die Reismühle ist die letzte arbeitende Getreidemühle im oberen Würmtal und im Landkreis Starnberg. Wie seit jeher stammt das Getreide von umliegenden Bauernhöfen. Vollautomatisch können innerhalb von 24 Stunden 90 Tonnen Weizen und 20 Tonnen Roggen verarbeitet werden, die Ladung von vier Lkws.

Weiden bei der Reismühle mit schottischen Highland Cattles.

Nördlich der Reismühle und schon in Gauting befindet sich das flache Sichtziegelgebäude des ehemaligen Alfawerks. Aus der 1895 gegründeten Kugelfabrik Seifarth & Co. waren 1902 das Alfawerk und später die Maschinenfabrik Gauting GmbH hervorgegangen. 1918 stellen in dem Betrieb an der Würm 160 Menschen landwirtschaftliche Maschinen wie Heuaufzüge, Winden und Ladegeräte her. Mit den Maschinen konnten die Technisierung und Industrialisierung der Landwirtschaft vorangetrieben werden. Der Betrieb wurde 1969 eingestellt, das eiserne Wasserrad 1993 bei Umbaumaßnahmen aus der Würm genommen und verschrottet.

Gauting. Allegorische Figur im Park von Schloß Fußberg.

Römer, Bajuwaren, Hofmarkschlösser und Villen – Von Gauting bis Pasing

Gauting ist der älteste Ort des Würmtals. Zwischen dem frühen ersten und dem späten vierten Jahrhundert existierte südwestlich des Freibads „Römerbad" die römische Straßensiedlung Bratananio. Ihre Entwicklung stand im Zusammenhang mit Römerstraßen, die bei Bratananio/Gauting zusammentrafen. Seit dem frühen Mittelalter trafen auch in den weiten Talräumen um Gräfelfing und Pasing wichtige Wegeverbindungen mit West-Ost-Richtung auf Würmtalwege und überquerten die Würm nahe den Ortskirchen.

An diesen Verkehrsknotenpunkten übernahmen wohl im 6. Jahrhundert bajuwarische Adelige mit Gefolgschaft, Leute des Gudo, Chrouwilo, Grefolf und Paso, alten Siedlungsboden. Sie „gründeten" Gauting, Krailling, Gräfelfing und Pasing. Im 12. und 16. Jahrhundert entstanden dort wasserumströmte Burgen und Hofmarkschlösser: Schloß Fußberg (in Gauting), Schloß Krailling, Schloß Planegg, Schloß Seeholzen (in Gräfelfing) und Schloß Pasing. Die Schlösser wurden Mittelpunkte von Hofmarken.

Hofmarken waren kleine Staaten im Staate, mit Hoheitsrechten (Gericht, Polizei, Notariat) und Verwaltungsaufgaben („Gewerbeamt" , „Finanzamt" , „Musterungsbehörde"). Die Hofmarkherren regelten in Altbayern die Verwendung eines Teils des staatlichen Gewaltmonopols. Hofmarkrechte konnten von Landesherren verliehen werden, sobald ein Adeliger oder später auch Privatleute über Besitz in einem geschlossenen Bezirk, also in der Gemarkung verfügten.

Innerhalb der Gemarkung übte der Hofmarkherr die niedere Gerichts- und Verwaltungshoheit aus. Für höhere Strafvergehen, die ein „Blutgericht" erforderten, waren Landgerichte zuständig. Die Würmbrücke in Pasing bildete die Grenze zwischen den Landgerichten Starnberg und Dachau. Viele Hofmarkherren versuchten, das Wittelsbacher Hofleben im Kleinen für sich zu leben und bauten ihre Schlösser entsprechend aus. Erst 1848 wurden die Hofmarken von Patrimonialgerichten und schließlich von der modernen Kommunalverwaltung abgelöst.

Mit der Eröffnung der Eisenbahnstrecke Pasing-Starnberg im Jahre 1854 setzte ein tiefgreifender Strukturwandel in den Würmtalorten ein. Zwischen den alten Ortskernen an der Würm und den neuen Bahnstationen auf der Hochterrasse des Tals entstanden Landhäuser, Villen und Villenkolonien einer gutsituierten Bevölkerungsschicht. Bei den Bahnstationen und entlang der neu angelegten Bahnhofstraßen wurden Gasthäuser, „Restaurationen" und Ausflugslokale eröffnet. Zahlreiche Flußbäder luden zum Sprung in die Würm ein.

Bratananio, Goutinga, Gauting – Tradition und Wandel

An den Rändern des Reismühler und Grubmühler Feldes hatte die Urwürm vor rund 10 000 Jahren bei ihrem Rückzug ins heutige Flußbett steile Terrassenränder hinterlassen. Im Ortsbereich von Gauting senkte sich die Würm auch 25 Meter tief ein, bildete dabei jedoch mehrere Zwischenterrassen aus, die eine zusammenhängende „Terrassentreppe" ergeben. Über diesen welligen Verlauf des Talrandes können Reisende seit jeher das obere Würmtal bequem passieren. Entlang der Bahnhofstraße und der Buchendorfer Straße ist er noch heute gut zu erkennen.

Die meisten Ortsstraßen von Gauting enden als Sackgassen an den Rändern der Terrassentreppe am Reismühler und Grubmühler Feld.

Gauting, Freibad nahe den Orten römischer Funde.

Das römische Gauting

Das Gautinger Sommerbad wurde 1926 eingerichtet. Der Name der Gaststätte „Römerbad" spielt auf eine bis in die Römerzeit reichende Badetradition nahe dem Sommerbad an. Durch laufende Ausgrabungen seit 1930 wurde sie nachweisbar. Von den vielen bislang entdeckten römerzeitlichen Gebäuderesten, ist nichts mehr zu sehen. Nur schriftliche Funddokumentationen, der Verlauf historischer Straßenführungen und eine im Jahre 1968 aufgestellte Holztafel bieten Hinweise zur Lage des römischen Gauting. Die heutige Reismühler Straße folgt weitgehend der Trasse der vom Bodensee kommenden Römerstraße. Vieles deutet darauf hin, daß die Römerstraße die Würm ursprünglich an der Stelle des heutigen Würmstegs beim Sommerbad überquert hatte. Die Siedlung bestand aus Block- und Lehmfachbauten. Bei den Ausgrabungen wurden aufgedeckt: eine Therme, ein „Tempelchen" , mehrere Wohnhäuser, ein Töpferlager, ein Erdkeller, ein Scherbenlager, ein Lagerhaus und eine „Herberge". Der bislang bekannte Teil von Bratananio erstreckte sich westlich des „Römerbads" über eine Fläche von etwa 300 x 550 Meter. Etwas jünger als die römische Kunststraße vom Bodensee war die Römerstraße zwischen Augsburg und Salzburg, die das Würmtal über die Gautinger „Terrassentreppe" in West-Ost-Richtung querte.

Die letzte Erinnerung an die vielen Mühlräder im Würmtal. Das Wasserrad der ehemaligen Haerlin'schen Papierfabrik von 1878 in Gauting.

Der alte Ortsmittelpunkt

Die Gründung der Bajuwarensiedlung „Goutinga" im 6. Jahrhundert wird im Zusammenhang mit der überaus günstigen Lage am Kreuzungspunkt der römischen Kunststraßen gesehen. Das Zentrum der etwa 10–15 Hofstellen umfassenden Siedlung „Goutinga" lag vermutlich unter der Geländestufe zwischen der heutigen evangelischen Kirche und der Frauenkirche um den „Pfingstmittwochbühel". Im Mittelalter hatte sich das historische Zentrum zur Würmbrücke und der Pfarrkirche St. Benedikt verlagert. Dort bot eine Geländeterrasse Schutz vor Hochwasser der Würm, sowie Raum für den vermuteten Fronhof eines karolingischen Bauernhofverbandes aus der Zeit um 800 und für die Pfarrkirche. Die Münchner Straße umgeht in markanter Krümmung südöstlich der Pfarrkirche heute noch den alten kirchlichen Grundbesitz.

Das Elektrizitätswerk südlich der Würmbrücke steht auf einem alten Mühlenstandort und bildet gegenwärtig den räumlichen Mittelpunkt von Gauting. Die Mittelpunktlage ist unübersehbar: 14 000 bis 19 000 Fahrzeuge benutzen Tag für Tag die Gautinger Würmbrücke.

Vom Elektrizitätswerk nahm 1900 die Elektrifizierung Gautings ihren Ausgang. Das Betriebs- und Wohngebäude entstand 1916 im Zusammenhang mit der Papierfabrik Haerlin, ebenso das um 1878 gebaute, romantisch plätschernde Wasserrad am Würmsteg nördlich der Pfarrkirche und der würmabwärts anschließende Wohnpark Würmufer. Von 1900 bis 1976 befand sich gegenüber dem Anwesen Schloßstraße 5 (Tankstelle an der Würmbrücke) das Gautinger Würmbad mit Schankwirtschaft.

Die Gautinger Papierfabrik

Auf dem Areal des Wohnparks stand von 1878 bis 1968 die Gautinger Papierfabrik. Das Stauwehr einer Kraftanlage steht noch in der Würm. Die Arbeitsvorgänge umfaßten das Reinigen, Sortieren sowie Faulenlassen der Stoffe und holzhaltigen Abfälle. Durch Stampfen entstand der breiige Faserstoff, der mit Wasser verdünnt auf Schöpfrahmen gebracht und zwischen Filzplatten sowie in Spindelpressen in Blattform gepreßt wurde. In Speichern trocknete das Papier aus. Mit Wasserkraft und einem Kohle verbrennenden Heizkessel einschließlich Dampfturbine konnten in der Papierfabrik zu ihrer besten Zeit 18 Tonnen Druck- und Schreibpapiere am Tag hergestellt werden. Bis 1918 wurde die am Wasserrad gewonnene Bewegungsenergie mit einer etwa 200 Meter langen „aus drei Stationen bestehende, auf hölzernen Säulen ruhende in Friktionsrollen laufende Drahtseiltransmission" zur Papierfabrik geführt. Von 1893 bis 1981 war das Schloß Fußberg, nördlich des Wohnparks als Fabrikantenvilla im Besitz der Familie des Papierfabrikanten Haerlin.

Schloss Fussberg

Mitglieder der Ritterfamilie Fuß verwalteten im 12. Jahrhundert Schloß Fußberg in Gauting. Von 1560 bis 1803 war das Schloß der Mittelpunkt einer Hofmark für ein Drittel der damaligen Gautinger Bevölkerung. In der 1935 neu erbauten Pfarrkirche wurden Teile der spätgotischen Stifterfenster der Hofmarkherrscher aus dem Vorgängerbau der Kirche wieder eingebaut. Zur Hofmark gehörten die „Hofmarktaferne" (heute Wienerwald-Gaststätte gegenüber der Pfarrkirche) und die Gautinger Ortsmühle bei der Würmbrücke (Elektrizitätswerk).

Um 1560 wurde der Schloßkomplex als „Häuser mit einem uralten achteckigen Thurme" beschrieben. Im 19. Jahrhundert erfolgte endgültig die Umgestaltung von einer wohl wasserburgartig gesicherten

Gauting
Schloß Fußberg

Wehranlage in der Würmscheife zur gehobenen Wohnstätte mit Landschaftsgarten. Zu dieser Zeit war „Fußberg" häufig noch die „Gauting" überlagernde Ortsbezeichnung.

Der in ganz Europa geschätzte, aber auch belächelte „Eremit von Gauting", Theodor Maria Hubert Isidor Freiherr von Hallberg-Broich , lebte von 1819 bis 1826 im Schloß Fußberg. Hallberg-Broich kannte Schottland, Skandinavien, Rußland, die Mittelmeer- und Alpenländer, Italien, den Orient, den Kaukasus und Persien. Als Schriftsteller, Militär, Ökonom und „Münchhausen" verwirrte er seine Zeitgenossen mit teils klugen, teils wirren Ideen und einer stets ausgefallenen und daher auffallenden Kostümierung. In Schloß Fußberg richtete er seine Räume mit Dezimal-, Stadt- und Festungsplänen, Landkarten, Bildern und Drucksachen aller Art ein. „Teils erwarteten den Besucher Reihen berühmter, in Kupfer gestochener Helden der Vorzeit neben den greulichsten Karrikaturen. Hier blickte ihn das Brustbild einer Dame, dort eines Gelehrten an, dazwischen grinsten Szenen aus Holbeins Totentanz,

Das barocke Vierstützen-Treppenhaus durchläuft die Stockwerke des Schlosses.

Saal im Obergeschoß mit Stuckverzierungen aus dem 19. Jahrhundert.

Schloß Fußberg. Flur im 1. Obergeschoß (vor der Renovierung 1995).

Schloß Fußberg: 1. Obergeschoß (vor der Renovierung 1995).

Schloß Fußberg. Der Dachstuhl des Schlosses

oder Studentenwitze aller Art nahmen die Stelle zwischen Totenanzeigen, Theaterzetteln und den Abbildungen europäischer Nationaltrachten ein, auch nautische und landwirtschaftliche Darstellungen gab es zu sehen". 1820, in der Frühzeit des Tourismus, verfaßte der „Eremit" eine Art Reiseatlas aus sechs Kartenblättern mit Darstellung der Postrouten großer Teile Europas sowie der Reisezeiten zwischen größeren Orten.

Von 1824 bis 1826 beteiligte sich Hallberg-Broich von Fußberg aus an der Trockenlegung und Kultivierung großer Moosflächen nördlich von München, „damit viele Menschen von dem verderblichen, zu Laster und Verbrechen führenden Müßiggang befreit und in Arbeit und Brot gebracht werden". Ihm zu Ehren wurde ein Ort im Erdinger Moos Hallbergmoos genannt. 1826 zog der „Eremit" ins Schloß Birkeneck bei Freising um.

Die Gautinger Villenkolonie

Die heutige Bebauung in Gauting verdeckt den Blick von Fußberg zum Bahndamm und zur Villenkolonie. Die Bebauung der Gautinger Terrassentreppe nördlich und südlich der Bahnhofstraße hatte in den 20er/30er Jahren dieses Jahrhunderts eingesetzt. Westlich der Bahntrasse erwarb, parzellierte, bebaute und verkaufte die Gautinger Immobilien-Gesellschaft AG zwischen 1902 und 1923 viele Waldrandgrundstücke zur Errichtung einer Villenkolonie. Die Bebauung an den großzügig angelegten und geschwungenen Erschließungsstraßen folgte einem städtebaulichen Konzept, das „malerische" Verknüpfungen der parkähnlichen Grundstücke und harmonisch gegliederte Wohngebäude vorsah. Der Pippinplatz bildet die Abstandsfläche zum Bahnhof. Das „Hotel zum Bären" war 1911 als Zentrum der eigenständig wirkenden Villenkolonie erbaut worden. Unter den ersten Villenbesitzern waren viele höhere Beamte, Künstler, Kaufleute, Ärzte und pensionierte Offiziere.

Der architektonische Ausdruck der Villen spiegelt eine Zeit gesellschaftlicher und wirtschaftlicher Umbrüche wieder. Er setzte beim oberbayerischen Bauernhaus ein und leitete den Typus des „bürgerlichen" Landhauses ab. Elemente der Veränderung waren Zwerchhäuser, Mittelrisalite, Treppenhäuser, der Verzicht auf Holzverkleidungen am Wohnteil und etwas steilere Dächer. Die Villen sollten „malerisch“ wirken. Historische und neugotische Formelemente wurden ebenso eingesetzt wie Formelemente des Maximilianstils und Jugendstils. Die Villen Gisilastraße 2, 4, 8 und 10 wurden mit den ersten Villen in den Jahren 1905/1906 von der Immobilien-Gesellschaft selbst erbaut und zu Festpreisen angeboten. Sie bilden heute noch die am besten erhaltene Baugruppe in der Villenkolonie.

Buchendorf, Forst Kasten, Grubmühle, Stockdorf – Die Gautinger Peripherie

Buchendorf gehört wie Stockdorf wohl zu den von Gauting aus im 7. oder 8. Jahrhundert gegründeten Ausbausiedlungen. Der kleine Lichtungsort Forst Kasten erschien 1308 erstmals in kirchlichen Urkunden. Bronzezeitliche Hügelgräber und frühmittelalterliche Hochäcker lassen ältere Rodungstätigkeiten um das Waldhaus erkennen. Zur Entlastung der großen Naherholungsgebiete am Starnberger See wurde 1970 der „Erholungswald“ um Forst Kasten zum überörtlichen Erholungsgebiet bestimmt.

Die Buchendorfer Viereckschanze

Die Buchendorfer Viereckschanze gilt als das bedeutendste Relikt der keltischen Latènezeit im Würmtal mit einem hervorragenden Erhaltungsstand der 110–120 m langen und bis zu 2,6 m hohen Wälle. Die Gräben sind heute weitgehend zugeschüttet. Erst 1957 war es Klaus Schwarz gelungen nachzuweisen, daß Viereckschanzen latènezeitliche Kultstätten waren und europaweit einem einheitlichen Anlage- und damit wohl auch Kultschema folgten. Der Nachweis wurde an der bergmännisch aufgegrabenen Viereckschanze von Holzhausen im Landkreis München geführt. Die Ergebnisse können auf die um etwa 100 v. Chr. entstandene Buchendorfer Viereckschanze übertragen werden.

Die rechteckigen Graben-Wall-Anlagen stellen das letzte Ausbaustadium des Kultplatzes dar. Das erste Stadium mag ein von Flechtwerk umgebener

Buchendorf
Keltenschanze

und in Abgeschiedenheit angelegter vierseitiger Heiliger Hain gewesen sein. Um ihn wurden der steile Erdwall errichtet, ein tiefer Graben gezogen, ein hölzerner Kultbau mit Feuerstelle in einem Eck der Kultstätte aufgebaut und mehrere 30 Meter und tiefer reichende Opferschächte ins Erdreich gegraben. In den Schächten konnte sich ein kultisch genutzter Holzpfahl befinden, der in seiner Position wohl auf den Sonnenhöchststand am 21. Juni ausgerichtet war. Die bauliche Konzeption der Anlagen folgte einheitlichen architektonischen Prinzipien. Die Himmelsrichtung der Seite der Anlage mit der Türöffnung lag nach Westen, in Buchendorf also zum Würmtal hin. Dabei lag die Öffnung in der Mittelachse der Anlage, die eine Verbindung zwischen Sonnenauf- und Sonnenuntergangspunkten am 21. Juni herstellte.

Die Römer scheinen beim Bau ihrer Kunststraße von Augsburg nach Salzburg die Viereckschanze als Orientierungsmarke verwendet zu haben. Von Gauting kommend läuft die Römerstraße auf einem Damm direkt auf die Viereckschanze zu und schwenkt wenige Meter davor nach Südosten in ein Trockentälchen und Richtung Grünwald ab.

Auf dem jüdischen Friedhof in Gauting liegen auch Opfer des Todesmarsches von 1945, der entlang der Würm auch durch Gauting führte, begraben.

Die Würm am
nördlichen Ortsende
von Gauting.

Schafskoppel zwischen
Gauting und Stockdorf.

Buchendorf

Buchendorf war noch zu Beginn des 19. Jahrhunderts das Zentrum einer allseits geschlossenen Rodungsinsel mit einem etwa kreuzförmig verlaufenden Siedlungsgrundriß um die Kirche St. Michael. Von ca. 1580 bis 1905 befand sich der Pfarrsitz von Gauting in Buchendorf.

Hervorgerufen durch den Bau- und Brennholzbedarf der rasch anwachsenden Münchner Bevölkerung, erfolgten im 19. Jahrhundert umfassende Veränderungen im Landschaftsbild um Buchendorf. Die mischwaldartige Buchenbestockung wurde durch schneller nachwachsende forstartig angelegte Fichtenkulturen ersetzt. Die Labilität der Monokultur bei Schädlingsbefall zeigte sich in den Jahren 1891/1892. Ein Baumparasit verursachte im Würmtal große Schäden. Aus Dankbarkeit, der „Nonnenplage" gerade noch entronnen zu sein, errichtete man 1893 die Mariensäule in Buchendorf .

Die Grubmühle

Im Grubmühler Feld konnte die Würm ebenso wie im Reismühler Feld die Talbildung vollenden und die Terrassenränder weit zurückdrängen. Den Flußlauf bis zur Grubmühle säumen junge Terrassenränder und Flutmulden, Zeugnisse der ständigen Eingrabung der Würm sowie Enzian-Zwenkenrasen und Weißdorngebüsche.

Die Grubmühle entstand oberhalb der Talsohle der Würm, der sog. „Grube" und war rechtlich lange Zeit an das Hofmarkschlößchen in Königswiesen gebunden. Im 19. Jahrhundert änderten sich in rascher Folge die Funktionen der Mühle. Zur Mahl- und Sägefunktion traten eine Lederwalke, Ölstampfe, Brennerei und Kettenschmiede. Nach einem Brand erfolgte 1883 der Umbau zum „Blattmetallwerk Grubmühle" in Verbindung mit der „Goldschlägerei" in Stockdorf. Schwere Schlaghämmer schlugen Kupferstengel zu hauchdünnen Metallbändern, die als „Goldpapier" bei der Herstellung von Schmuck oder Verpackungsmaterial Verwendung fanden. In

rechts:
Stockdorf, Wehr
der Grubmühle.

Stockdorf, Wehr
der Grubmühle

der Grubmühle wurden zunächst nur die Abfälle aus der Goldschlägerei zu Bronzepulver zerstoßen. Wegen Klagen über den Lärm der Schlaghämmer in Stockdorf verlagerte die „Münchner Metallpapier-, Bronzefarben- und Blattmetall-Gesellschaft" schließlich den Gesamtbetrieb in die Grubmühle. Das Werk wurde 1976 geschlossen. Turbinen der Mühle dienen der Stromerzeugung. Ein Teil des Mühlengeländes wird von einem „Squash-Center" genutzt.

Die Firma Webasto an der Gautinger Straße.

Stockdorf

Das Zentrum von Stockdorf lag um die Kirche St. Vitus und eine westlich anschließende Würmfurt. Diese Furt verband kleinere Anwesen mit Friedhöfen der Bronze- und Hallstattzeit, die sich zu einer kleinen Streusiedlung östlich der Würm verbanden. Der Ausdehnung von Stockdorf waren Grenzen gesetzt. Das scheint auch der Ortsname auszudrücken, wenn man „Stock" als Baumstümpfe nach der Rodung oder als Grenzlage zwischen den Altorten Gauting und Krailling deutet.

Um 1800 gab es nur drei Anwesen in Stockdorf. Die Einrichtung einer eigenen Eisenbahnhaltestelle im Jahre 1902 löste den Siedlungsausbau mit schlichten Wohn- und Landhäusern aus, die bald bis zur Bahnlinie und über sie hinaus reichten. In den 50er Jahren wurde der Bau der Kirche St. Vitus an der Waldstraße und der Evangelischen Kirche erforderlich.

Die Gautinger Straße nördlich der alten Vituskirche mußte 1923 und erneut 1955 nach Osten verlegt werden, um die Ausdehnung der Firma Webasto zu ermöglichen. Webasto entstand auf einem Gewerbestandort des späten 19. Jahrhunderts. Nacheinander arbeiteten dort ein Sägewerk, eine Faß- und Spundfabrik und die Mechanische Werkstätte der Gebrüder Rasp. 1907 wurde das Sägewerk abgebrochen und die Eisenwarenfabrik Wilhelm Baier in Stockdorf aufgebaut. Daraus entwickelte sich 1962 die Webasto GmbH (WErk BAier STOckdorf), die „mit innovativen Systemen für Frischluft, Wärme, Klima" Weltmarktführerin in der Entwicklung und Herstellung von Autoschiebedächern, motorunabhängigen Heizgeräten für Straßen- Schienen- und Wasserfahrzeuge sowie technischem Zubehör für Kraftfahrzeuge wurde. Das Areal des Gewerbebetriebs ist heute größer als es der Ort Stockdorf im Jahre 1900 war. Trotz der Straßenverlegungen führte 1993 erneuter Platzmangel in Stockdorf zur Errichtung des neuesten Montage-Werks für Standheizungen in Neubrandenburg. Mit rund 290 Mitarbeitern und Zulieferern zog ein großer Teil des Gewerbesteueraufkommens der Gemeinde Gauting ab. Die Abteilung Forschung/Entwicklung ist aber in Stockdorf geblieben.

Krailling, Planegg, Maria Eich, Steinkirchen – Hofmarkschlösser und Flussbäder

Nördlich der Firma Webasto beginnt Krailling, eine kirchenrechtlich lange mit Gräfelfing, dann Martinsried und schließlich Planegg verbundene kleine Siedlung. Die älteren Anwesen des Ortes liegen in langgestreckter Reihe am westlichen Würmufer zwischen der Filialkirche St. Margaret und dem Gasthaus Alter Wirt im Norden sowie der Linnerbrücke im Süden.

Das ehemalige Hofmarkschloss Krailling und die Linnermühle

Bei der Linnerbrücke teilt sich die Würm in den zum Sägewerk der Linner KG führenden Mühlbach und das Altwasser mit reizvoll gestalteten Teichen und Würminseln. Von 1564 bis 1810 stand im Hof der Linner KG das Kraillinger Hofmarkschloß. Der Pla-

Krailling
Linnermühle

Linnermühle
erster Stock,
Walzenstühle
von 1904 und 1950.

Linnermühle.
Seit der Stilllegung der Mühle hat sich in dem Gebäude nichts mehr verändert.

Linnermühle.
Die original belassene Austattung kann manchem Museum das Wasser reichen.

Linner Mühle.
Die Wasserkraft der Würm wurde am Tage für das Sägewerk, nachts für die Mühle benützt.

Das Sägewerk der Firma Linner wird im Nebengebäude der Mühle betrieben.

negger Pfarrer beschrieb es als „uraltes Schloß mit vier Türmen, fest und massiv gebaut, inwendig mit Turniergeschichten bemalt, in den älteren Zeiten den Herren von Muggenthal, in den neueren den Grafen von Berchem, in den jüngsten Zeiten Baron von Ruffin gehörig". Auf einem Stich Michael Wenings von 1701 findet man den dreigeschossigen Renaissancebau mit vier Ecktürmchen abgebildet. Mancher Stein des Schlosses dürfte in den Bauten der 1892 unter Verwendung älterer Bauteile errichteten Linnermühle und dem Sägewerk stecken. Der Mühlbach fließt zwischen dem Sägewerk und der Mühle an überdeckten Wasserrädern vorbei. 1896 wurden am Wehr der „Kunst- und Sägemühle in Krailling" 16 PS gewonnen. Noch Anfang der 1990er Jahre bewegte selbsterzeugter Strom den Elektromotor der Säge. Seither wird er von den Isar-Amperwerken bezogen. Die Mühle selbst wurde 1975 stillgelegt.

Die liebevoll gepflegte technische Ausstattung der Kraillinger Mühle mit Transmissionsriemen, Elevatoren in Holzkästen und Walzenstühlen von 1904 und 1950 weckt Erinnerungen an die Blütezeit der „Kunstmühle", welche – so eine Beschreibung amerikanischer Kunstmühlen von 1797 – „durch Wasser bewegt, alle Mahlarbeit selbst verrichtet und nur wenig Händearbeit bey der Mahloperation übrig läßt. Hier trägt man das Getreide nicht erst die Treppen hinauf, um es in den Rumpf zu schütten: die Mühle schafft es durch einfache Maschinerie selbst hinauf, zieht es hinauf bis auf den obersten Boden, und bringt es dort in den Speicher, wo es entweder aufbewahrt, oder auf die Mühlsteine [Walzenstühle] geleitet wird. Hier siebt und schwingt man das Getreide nicht mit der Hand, eine Arbeit, welche sehr ermüdend ist: die Mühle selbst fegt und forchert ihr Getreide so rein als nur möglich, bevor sie es sich aufschüttet. Das Mehl wird hier ganz gleich, denn die Steine laufen nie leer, nie überladen; und die Mühle selbst bringt das Mehl, nachdem sie für dessen Verkühlung gesorgt hat, an den Ort, wo die Mehlfässer stehen und schüttet es in die Mehlfässer selbst hinein." (H. Gleisberg)

Um 1800 gab es nur 26 Anwesen in Krailling. Der Bau der Eisenbahn und die Einrichtung des Vorortverkehrs nach Gauting führten nach 1890 zum Bau von Villen an den Straßenzügen, die zu den Bahnstationen in Stockdorf und Planegg führen. Wegen der geringen wirtschaftlichen Lebensfähigkeit der kleinen bäuerlichen Anwesen ging es mit der Landwirtschaft in Krailling im frühen 20. Jahrhundert zu Ende.

Linnermühle. Wasserrad, das einst das Sägewerk betrieb.

Krailling.
Die unmittelbar
an der Würm gelegene
Kirche St. Margaret
wurde im Kern
vermutlich Ende
des 15. Jahrhunderts
erbaut.

St. Margaret
Vorraum

Krailling. Trinklbad, Badekabine.

Das ehemalige Trinklbad

Den neuen Zeitgeist spiegelt das Trinklbad, südlich der Linnerbrücke. Das Fluß- und Sonnenbad war bereits 1880 in Betrieb. Vom ehemaligen Flußbad sind Umkleidekabinen aus Holz, der Sprungturm und ein Becken mit Stufenrand vorhanden. Auch wenn aus den Kabinen die Bäume wachsen, mit etwas Phantasie kann man sich dort die Damen in hochgeschlossenen rot-weißen Badeanzügen und die Herren mit Zeitung, Zigarillo und Backenbart über das Tagesgeschehen der Bismarckära diskutierend vorstellen. Die Schließung des Flußbads zeichnete sich 1963 ab, als die Kläranlage der Stadt Starnberg bei Petersbrunn ihren Betrieb aufnahm und eine für den Badebetrieb ausreichende Wasserqualität nicht mehr zu jeder Zeit gewährleistet war. Der Brückenneubau führte zur endgültigen Schließung.

Trinklbad. Die Garderoben-Halle mit Ihren Umkleidekabinen für Damen- und Herren bleibt seit Jahrzehnten unbenützt und ist dem Verfall preisgegeben.

Der Kiesabbau ist im Würmtal nicht ohne Widerspruch geblieben. Gegen die Einengung des Naher-

HALLE
DAMEN

Delial
schenkt
klassische
Bräune

Das ehemalige Trinklbad ist das letzte von zahlreichen Würmbädern, das in seinem damaligen Zustand belassen wurde. Die Größe der Anlage und Anzahl der Umkleidekabinen lassen die Beliebtheit des Bades erahnen.

Peter Rubin, neben dem verstorbenen Gustl Bayerhammer, einer der prominenten Sprecher der Bürgerinitiativen gegen Auskiesungen.

holungsgebietes Forst Kasten durch Kiesabbau, das Auffüllen von Gruben mit umweltschädlichen Materialien (z.B. Asbest) sowie gegen die Errichtung einer Aufbereitungsanlage für Bauschutt kämpfen mehrere Bürgerinitiativen. Eine riesige vom Landratsamt München bereits genehmigte Bauschuttaufbereitungsanlage im Forst Kasten, mit 25 Meter hohen Brechertürmen konnte hier ebenso verhindert werden, wie eine gigantische Mülldeponie mit nahezu einem Quadratkilometer Grubenfläche.

Der Sprecher einer Bürgerinitiative und Schlagersänger Peter Rubin formuliert es so: „Wir sind es leid, daß vor unserer Haustür Erholungswald abgeholzt und ausgekiest wird, um dann krebserzeugende Abfälle in die Grube zu kippen." Dem stehen mustergültig und windbruchsicher aufgeforstete Flächen der Kiesabbauer gegenüber.

In der für den Münchner Süden so wichtigen Frischluftschneise, im als Erholungsgebiet definierten Forst Kasten, ist ein markantes Beispiel für Umweltzerstörung zu sehen.

Planegg

Planegg.
Schloß des Baron von Hirsch.

Schloss Planegg

Auf der westlichen Würmseite vor der Einfahrt und der Brücke zum Schloß Planegg markiert eine Burgfriedensäule den Übergang von Krailling in das Planegger Gemeindegebiet. Der alte Ortskern von Planegg einschließlich Schloß liegt östlich der Würm, so daß jeder von Krailling kommende Reisende einen der Würmübergänge beim Schloß benutzen mußte und der Kontrolle der Schloßherren ausgesetzt war. Planegg war wohl lange Zeit keine Dorfgemeinde, sondern eher ein loses Gebinde einzelner Höfe. Den Zusammenhalt erwirkte erst die um 1442 eingerichtete Hofmark Planegg mit einer bis 1921 als Dorfkirche fungierenden Schloßkapelle.

Der Vorgängerbau des Schlosses wurde 1409 als „Behausung genannt Planegk" bezeichnet, die Herzog Wilhelm III. mit anderen Anwesen und einer Mühle erwarb und zur „Vesst" für seinen illegitimen Sohn Konrad von Egenhofen ausbaute. „Planegg" bedeutet „Burg in der Ebene". Die „Vesst" und die Schloßkapelle wurden wiederholt den wandelnden Bedürfnissen der Hofmarkherren angepaßt (grundlegend um 1737) und von einem Kranz weiterer Gebäude umgeben: dem Gerichtshalterhaus, Reitstall, Kutscherhaus und Torwächterhaus (Bräuhausstraße 1) am südlichen Schloßzugang. Das Schloß steht leicht erhöht auf einer Würminsel im Fluß. Die umgebenden Parkanlagen mit Formen englischer Landschaftsgärten lassen den Bau wie ein Lustschloß des 18. Jahrhunderts erscheinen.

1728 wurden die Hofmarken Krailling, Frohnloh und Planegg vereint und Schloß Planegg wurde glanzvoller Mittelpunkt des umfangreichen Grundbesitzes. Jakob von Hirsch erwarb 1824 die Hofmark. Nach dem Verzicht auf Hofmarkrechte und auf die Polizeigewalt im Jahre 1848 blieb der Besitz in den Händen der Familie Hirsch, die 1869 in den Freiherrenstand erhoben wurde. Zum Großgrund-

Planegg.
Die dem Verfall preisgegebene Alte Schloßwirtschaft.

besitz in der Gemarkung zählen Fichtenforste und Kiesabbauflächen. Der Hauptzugang zum Schloß erfolgt über eine Brücke von Süden. Eine Dorfstraße führte bis um 1910 durch das Schloßareal zur Kapelle. Dann erst wurde die Mauer vollständig um den Besitz gezogen.

Der Besitz war immer wieder Begehrlichkeiten ausgesetzt. In der Nacht vom 8. auf den 9. November 1938 fuhr Christian Weber, Kreistagspräsident von Oberbayern und Vorsitzender der NSDAP-Fraktion im Münchner Stadtrat nach Planegg, um zusammen mit einem befreundeten Stadtratskollegen und mehreren SS-Männern in Zivil einen Brand im Schloß Planegg zu legen. Der Freiherr von Hirsch sollte zum Verkauf seiner Jagdrechte an Weber gezwungen werden. Hirsch selber wurde von der Gestapo in „Schutzhaft" genommen, verkaufte dann das Schloßgut an die Stadt München, die die Jagdrechte daraufhin Weber verpachtete. In eine schwierige Lage gerieten bei dem Brandanschlag einige Polizeibeamte, die von Hirsch zu Hilfe kommen wollen. Als ihnen erklärt wurde, daß ein „illegaler Zustand" eingetreten sei und die Aktion auf höhere Weisung erfolgte, zogen sie sich irritiert zurück und verständigten den politischen Referenten des Bezirksamts München. Der holte Weisungen ein und rief die Polizisten zurück.

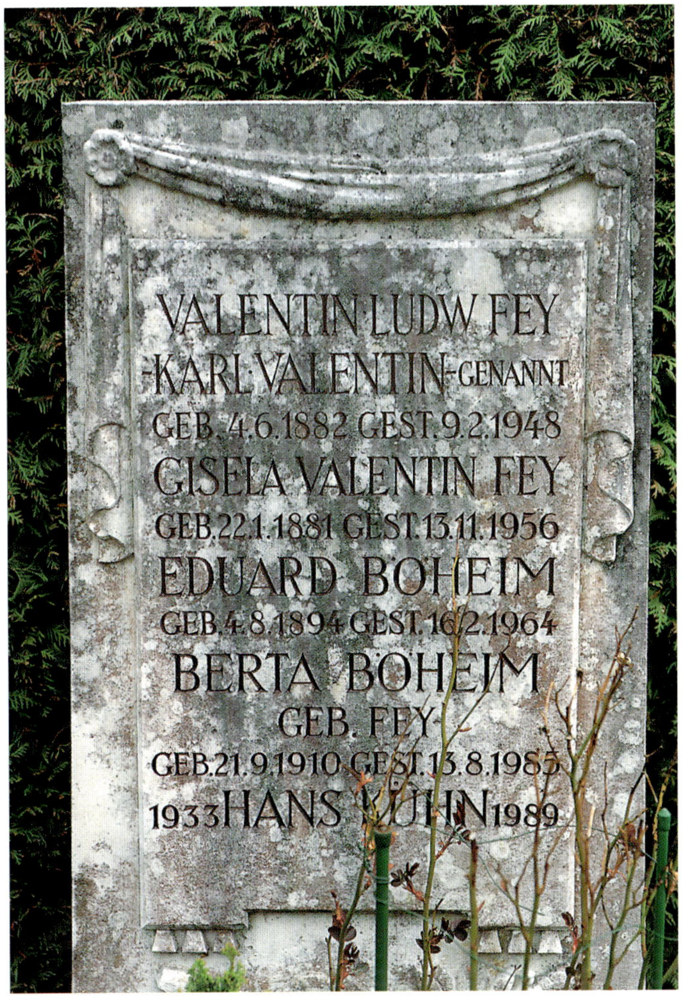

Grab von Karl Valentin, der während des Krieges nach Planegg zog, und bis zu seinem Tod 1948 an der Würm lebte.

Reinigungsarbeiten im Becken des Planegger Wellenbades.

Der alte Ortskern

Der Mittelpunkt des Dorfes Planegg mit 37 Häusern im Jahre 1717 lag östlich des Schlosses um die 1440 urkundlich erstmals erwähnte Alte Schloßwirtschaft und Taverne (Pasinger Straße 4), die neue Schloßwirtschaft von 1901 und eine Schwaige im Besitz der Hofmarkherrschaft (Münchner Straße 2). Westlich des Schlosses ließ Jakob von Hirsch 1835/36 eine Brauerei errichten, die 1928 34 von der Pschorrbrauerei München betrieben wurde. 1934 erfolgte der Umbau zum Sanitätsdepot der Wehrmacht. Gegenwärtig dient der große Gebäudekomplex als Lager für Bestände der Staatsbibliothek München. An die Nutzung als Sanitätsdepot der Wehrmacht erinnert an der Gebäudeseite zum Pfarrzentrum St. Elisabeth ein steinerner Adler.

Das Baron Hirsch'sche Wellenbad

Das Flußstück nördlich des Schlosses gehörte zum Hofmarkschloß. Das Wehr war mit einer Mühle verbunden und diente von Hirsch zur Gewinnung von Energie „für industrielle Zwecke". Im Jahre 1898 brannte die Mühle ab. Das Gelände zwischen dem Mühlbach und der Würm war bereits 1854 als „Baron Hirsch'sches Schwimm- und Wellenbad" genutzt worden. 1912 gab es dort Herren und Damenbecken, welche durch einen mit Kabinen ausgestatteten Steg getrennt waren. Das Bad ging 1938 in den Besitz der Gemeinde Planegg über. Es mußte 1966 geschlossen werden. Im Freizeitgelände warnt nun ein Schild: „Das Baden wird aus gesundheitlichen Gründen nicht empfohlen."

Der Planegger Kirchturm.

Der Planegger „Ringelstrumpf"

Die erste Planegger Pfarrkirche konnte erst 1921 errichtet werden. Freiherr von Hirsch stiftete ein Tagwerk Grund für den Wiederaufbau der vom Kirchenbauverein Planegg erworbenen hölzernen Reithalle aus Eurasburg bei Wolfratshausen. Die so entstandene Notkirche St. Elisabeth mit einem Turmbau von 1934 diente als Gotteshaus bis zum Bau des Pfarrzentrums St. Elisabeth im Jahre 1971. Beim Abbruch der Notkirche wurde der Turm zunächst aus finanziellen Gründen erhalten. Nachdem man sich entschlossen hat, ihn dauerhaft zu erhalten, ist er zum Wahrzeichen der Gemeinde geworden. Wegen den waagerechten grauen Streifen auf blauem Grund nennen ihn die Planegger liebevoll „Ringelstrumpf".

Wie überall im oberen Würmtal führte auch in Planegg der Bau der Eisenbahnstrecke Pasing-Starnberg zur Siedlungsvergrößerung und zum Entstehen großer Ausflugsgaststätten in Bahnhofsnähe. 1842 gab es nahe der heutigen Großgaststätte Heide-Volm beim Bahnhof einen Eiskeller der Brauerei Planegg mit Bierausschank. Im Jahr der Fertigstellung der Bahnstrecke, 1854, wurde beim Bahnhof das Wirtshaus „Zur Eiche" eröffnet. 1856 erwarb der Tafernwirt der Alten Schloßwirtschaft in Planegg, Johann Nepomuk Kummer, den Bauplatz für eine weitere Gaststätte, welche jetzt den Namen Heide-Volm führt und seit der Zeit mehrfach aus- und umgebaut wurde. Besitzer der Großgaststätte ist Willy Heide, der langjährige Sprecher der Wies´n-Wirte in München.

Der Wallfahrtsort Maria Eich

Zur Zeit der Gasthauseröffnung lebten 300 Menschen in Planegg. Erst die Bahn brachte Scharen von Naherholern, Sommerfrischlern und Wallfahrern nach Planegg und zur Gnadenstätte Maria Eich. Als noch mehr Eichen als Fichten im Mischwald standen, spielte die Schweinemast auf Eichelweiden eine wichtige Rolle im Würmtal. 1710 begann eine morsche Eiche in einem ehemaligen Waldweidegebiet bei Planegg, in die eine Madonnenstatuette aus Ton gestellt worden war, wieder zu grünen. Wallfahrten zur Maria in der Eiche

Kerzen am Freialtar in Maria Eich.

Die Wallfahrtskirche
Maria Eich.

setzten ein, nachdem eine Bitte der Taglöhnerin Katharina Mergerin 1733 erhört worden war: „wenn mir halt bei dem Frauerl in der Aichen geholfen würde, wollte ich gern vom Mühlfeld bis zur „Aichen" kriechen und dabei beten". Eine Begebenheit im Jahre 1775 steigerte die Bekanntheit der Gnadenstätte mit Wallfahrtskapelle: Bei einer Hetz- und Treibjagd des Kurfürsten Max III. Joseph im Wald um Maria Eich flüchtete ein Hirsch zur eingezäunten Kapelle. Der Schutzsuchende wurde daraufhin verschont und durfte entkommen. Der Stamm der vom Blitz gefällten Marien-Eiche befindet sich heute hinter dem Gnadenaltar der Wallfahrtskirche Maria Eich. Von 1746 – 1819 unterrichtete – in Ermangelung einer eigenen Kirche, Schule und eines eigenen Lehrers – ein Eremit in Maria Eich die Schulkinder von Planegg.

Kirche St. Georg
in Steinkirchen.
Abstellraum im
Glockenturm.

Steinkirchen

Relativ einsam steht auf einer Würminsel zwischen Planegg und Gräfelfing die Kirche St. Georg, das Zentrum der ehemaligen Siedlung Steinkirchen. Der kleine Ort wurde im Jahre 945 als „Steininunchiricha“ erwähnt und bestand im 13. Jahrhundert aus zwei bäuerlichen Anwesen, einer Mühle (Sägewerk) und der Kirche. Östlich der Kirche wurde 1616 ein Mesnerhaus errichtet, das über einen Steg mit der Kirche verbunden war. Der Bauunterhalt der Kirche war von den Bewohnern des kleinen Ortes nicht zu leisten, so daß die Kirche verfiel und erst 1768 als Behelfskirche für Planegg wiederhergestellt wurde.

1849 erwarb der Besitzer des Schlosses Planegg die Sägemühle mit allen Wasserrechten und ließ an der Würm ein Flußbad einrichten, das 1859 über drei Badehütten und 1860 sogar über eine Gaststätte mit Kegelbahn verfügte. Das Würmbad verfiel nach 1950. Nachdem 1971 die Gaststätte abgebrochen werden mußte, kaufte die Gemeinde Planegg das Areal und gestaltete es zur Grünanlage um.

Steinkirchen. Kirche St. Georg.

Eine der zwei Glocken hing zuvor in der Notkirche von Planegg.

Gräfelfing, Seeholzen, Lochham – Die „Gartenstadt" und die „Siedlung im Lohwald"

Das Urstromtal der Würm reichte in Gräfelfing weit ausgreifend vom Gockelberg und Hennenberg im Osten bis zum Neunerberg im Westen. Kleine Flußarme umflossen im Gemeindegebiet Würminseln, begünstigten das Anlegen von Furten, Brücken und Flußbädern sowie den Bau von Schloß Seeholzen in einer strategisch günstigen Lage am Fluß.

Gräfelfing gehört neben Gauting zu den ältesten Siedlungen im Würmtal. Rund 40 bajuwarische Reihengräber zwischen der Rottenbucher Straße und der Schulstraße sowie ein Kranz überwaldeter Hochäcker sind in Gräfelfing stumme Zeugnisse der bajuwarischen Landnahmezeit. In der Gründungsurkunde des Klosters Scharnitz (bei Klais zwischen Partenkirchen und Mittenwald) von 763 tritt ein Reginperth auf, der zur Sicherung seines Seelenheils Besitzungen in „Grefoluinga" dem Kloster stiftet. In einer Urkunde von 802 wird eine Kirche in Gräfelfing erwähnt. Zur Pfarrei gehörten Filialkirchen in Lochham, Krailling, Hadern und Neuried. Die seit dieser Zeit mehrfach umgebaute Pfarrkirche St. Stephanus liegt an der lange Zeit einzigen Brücke des Ortes, an der viele Wege zusam-

Gräfelfing.
Maibaum-Aufstellung vor der Kirche St. Stephanus.

mentrafen und zu der hin sich die Anwesen des Dorfes orientierten.

In Würmnähe befanden sich lange noch kleine Gärten, Waschhäusl und Stege.

Um 1900 erhielten Gräfelfing und auch Lochham eigene Haltestellen an der Bahnstrecke Pasing-Starnberg. Terraingesellschaften begannen, nahe der Bahnstation Gräfelfing Grundstücke aufzukaufen und eine Villensiedlung mit Gebäuden im Landhausstil aufzubauen. Die Bahnhofstraße auf der alten Trasse des Freihamer Feldweges verband „Neugräfelfing" mit dem alten Dorfkern an der Würm. In Erwartung des Ausflugsverkehrs entstanden die Bahnhofsrestauration Gräfelfing, die Waldrestauration Lochham und das Hotel „Weißes Rößl" am Eingang zur Villenkolonie. Die Bevölkerungszunahme insbesondere in dem Villenviertel machte 1947 den Bau der Kirche St. Johannes Evangelist, 1951 den Bau der Evangelischen Notkirche an der Lochhamer Straße, 1968 den Bau des modernen Rathauses in Sichtbeton-Bauweise an Stelle des Hotels „Weißes Rößl" und 1971 den Bau der Evangelischen Friedenskirche an der Planegger Straße sowie den Bau der neuen St. Stephanuskirche an der Bahnhofstraße erforderlich.

Gräfelfing wird wegen seiner weiträumigen Bebauung im Grünen und den seit den 20er/30er Jahren alleeartig gestalteten Ortsstraßen gerne als „Gartenstadt" bezeichnet. Unverkennbar hat diese Entwicklung den Ort von der Würm entfernt und das Ausbilden einer neuen Ortsmitte erschwert. Nach Straßenverbreiterungen, dem Bau mehrspuriger Betonbrücken und nach dem Abriß alter Gebäude wirkt der ursprüngliche Dorfkern um die alte Stephanuskirche und die ehemalige Krämermühle wie abgeschnitten vom heutigen Ortskern nahe der Bahnlinie.

Nordöstlich der Krämermühle entstand um 1900 mit der Pappendeckelfabrik Matthys der erste Industriebetrieb im Ort. Bis zur Betriebsaufgabe im Jahr 1974 beherbergten die Gebäude ein Isolatorenwerk, eine Brauerei, ein Warendepot und einen Textilbetrieb. Die Mühle mit dem Elektrizitätswerk und der großen Steganlage gehört der Gemeinde Gräfelfing. Pächter des Gästehauses ist seit 1989 das Doemens-Technikum. Albert Doemens hatte 1895 die Münchner Brauer-Akademie als Privatinstitut gegründet. Sie ist gegenwärtig die einzige Ausbildungsstätte für Brauereitechniker in Deutschland. Die Steganlage führt über die Würm und den ehemaligen Mühlbach zum Doemens-Technikum am westlichen Würmufer. Die Brau-Versuchsanlage mit einem Ausstoß von vier Litern gilt als „kleinste Brauerei der Welt".

Ein liebenswertes Refugium unter den Kirchen in Gräfelfing ist die Kapelle des Bäcker-Waldheims St. Joseph von 1921 an der Josef-Schöfer-Straße. Sie wurde zum Gedenken an die gefallenen Mitglieder der Bäckerinnung München errichtet und steht in Verbindung mit der 1906 aufgebauten Walderholungsstätte Lochham am westlichen Ortsrand von Gräfelfing und der 1951 errichteten Bäckerfachschule des bayerischen Bäckerhandwerks mit Meisterschule.

Das ehemalige Hofmarkschloss Seeholzen

Schloß Seeholzen lag wie die Hofmarkschlösser in Gauting, Krailling, Planegg, Pasing und Blutenburg-Obermenzing auf einer Halbinsel bzw. Insel der Würm in strategisch hervorragender Position. Urkunden erwähnen das Schloß als Besitz des Klosters Benediktbeuern im Jahre 1116. Alten Beschreibungen nach war das Schloß ein mit gotischen Ziergiebeln gekrönter zweistöckiger Satteldachbau. Die Hofmark Seeholzen herrschte im 16. Jahrhundert über Gräfelfing.

In der alten Stephanuskirche erinnert eine Marmorgrabplatte von 1515 an die Seeholzener Hofmarkherrenfamilie Rishaimer. Die Eigenständigkeit der Hofmark Seeholzen endete 1643, als der Besitzer der Hofmark Planegg auch Seeholzen erwarb und 1658 alle Rechte an ihn übergingen. Zerstörungen aus dem Dreißigjährigen Krieg scheinen nicht behoben worden zu sein, denn der Zerfall des Schlosses und einer zugehörigen Mühle waren im 18. Jahrhundert nicht mehr aufzuhalten.

Letzte Reste von Wirtschaftsgebäuden des Schlosses sollen 1964 beim Bau des Altersheims St. Gisela abgetragen worden sein. Joseph Weinbuch, der letzte Besitzer des Wirtschaftsguts auf dem Schloßareal, hatte den Bau des Altersheims durch eine Stiftung ermöglicht und den Hang des Gockelberges als Rodelberg zur „ewigen Nutzung“ für die Gräfelfinger Jugend bestimmt. Am Fuße des Gockelberges zeichnet sich ein Graben im Gelände ab, der womöglich vom seeartig um das Wasserschloß geführten Flußarm der Würm herrührt. Der alleeartig bepflanzte Damm im Park nördlich des Altersheims läßt dort Aufschüttungen vermuten.

In den Ruinen des Hofmarkschlosses soll der Sage nach die „Weiße Frau von Seeholzen“ gespukt haben. Von Kopf bis Fuß in weiße Schleier gehüllt, die sie wie ein Leichentuch umgaben, irrte sie wehklagend umher und benahm sich so absonderlich, daß alle, die sie gesehen hatten, von Angst erfüllt waren. Keiner wagte sich mehr in die Nähe des alten Schlosses, um ja nicht der „Weißen Frau“ zu begegnen.

Lochham

Nördlich des Altenheims hat die abtragende Kraft der Würm ein hohes Steilufer mit einer reizvollen Flußszenerie entstehen lassen, die sich nur dem Spaziergänger erschließt. Die weit nach Westen reichende Aue der Würm verbindet Gräfelfing mit dem Rodeort Lochham. Wegen Hochwassergefahr wurde die Kirche St. Johann der Täufer auf einem leicht erhöhten Standort mitten in der Aue errichtet. Sie war wohl als Taufkirche für die Bewohner der Umgebung entstanden.

Der umstrittene Kirchenanbau von 1955 war durch die Zunahme der Einwohnerzahl in Lochham notwendig geworden. Teile des alten kleinen Kirchleins sind im querschiffartig ausladenden Altarraum enthalten. An ihn schließen eine Rundapsis und das neue Langhaus an.

Grabhügelgruppen und beim Bau der Bodenseeautobahn aufgedeckte Reste eines wohl römischen Landgutes (villa rustica) deuten auf vorgeschichtliche Rodungsvorgänge in der Lochhamer Flur hin. 1256, zur Zeit ihrer ersten urkundlichen Erwähnung, lag die kleine Siedlung in einer Lichtung der bewaldeten Hartholzaue der Würm. Lochham entwickelte sich nördlich der Taufkirche, auf und nahe einer Würminsel. Durch das Bachbett der beiden Würmarme führte noch am Ende des 18. Jahrhunderts eine Furt nach Westen zum Feldweg nach Gräfelfing und nach Osten zur Hochterrasse der Würmtalstraße.

Ein Großbrand zerstörte 1876 das Dorf im Wald bis auf wenige Anwesen. 1905, fünf Jahre nachdem die Bahnstation Lochham eingerichtet worden war, entstand am westlichen Flußarm der Würminsel ein Würmbad. Die Badegäste konnten sich im nahen Gasthaus „Zur Lochhamer Einkehr“ stärken. Wegen der Gefahr des Eisstaus wurde der Flußarm zugeschüttet und ein Fußweg darüber angelegt. Bis in die 60er Jahre stand dort in einem Brunnhäuserl ein eisernes Schöpfrad, mit dem Würmwasser für die Stallungen der ehemaligen Schwaige Lochham gefördert wurde.

Die Bodenseeautobahn (B 12) führt eingetieft durch das Gräfelfing-Lochhamer Gemeindegebiet. Zeichen der automobilen Zeit waren 1966 erkannt worden. In einer Gräfelfinger Gemeindechronik wird daran erinnert: „Die Gräfelfinger haben sie nicht übersehen, die häßlichen, gelben Farbflecken an Randsteinen, Bäumen und Telegrafenstangen, die schwarz-gelben Pfähle auf Wiesen und Feldern. Es sind die Kainsmale der B 12a, die sich in absehbarer Zeit als Monsterstraße gegen den Willen einer 12 000-Seelen-Gemeinde durch die Fluren der Perle des Würmtales fressen wird. (...) Die Millionenstadt frißt sich hinaus ins flache Land...“

Nördlich der Bodenseeautobahn entstand 1972 der Paul-Diehl-Park als weitläufig gestalteter öffentlicher Landschaftspark auf Aushubmaterial der Autobahn. Er geht fließend in den Pasinger Stadtpark über.

Pasing – Verkehrsknotenpunkt zwischen Aubing, Starnberg, Dachau und München

Der Siedlungskern der 763 erwähnten Ortschaft „villa Pasinga“ lag langgestreckt entlang der heutigen Planegger Straße. Die Entwicklung Pasings war seit dem Mittelalter eng mit München verbunden.

1158 war die Salzstraße von Oberföhring nach München verlegt worden. Damit begann der Aufstieg Münchens als Händlerstadt und Markt. Viele Salzhändler mußten westlich von München den Weg entlang der heutigen Landsberger Straße und Bodenseestraße zur Würmbrücke bei Pasing einschlagen. Durch den Handelsverkehr wurde der Kreuzungsbereich Planegger Straße – Salzstraße, der heutige Pasinger Marienplatz, zum Ortsmittelpunkt aufgewertet.

Nahe der Würmbrücke befand sich bis 1817 das Schloß Pasing. Auf der Würmbrücke trafen Wege zwischen Starnberg und Dachau sowie zwischen München, Aubing und Landsberg zusammen. Wie zuvor die Würmbrücke beeinflußte später auch die Bahnhaltestelle in Pasing die Bedeutung des Ortes als Verkehrsknotenpunkt und die Richtung der Siedlungsentwicklung. Am Bahnhof Pasing trafen 1854 vier wichtige Bahnlinien zusammen. Gasthäuser entstanden für Reisende, Flußbäder wurden in der Würm eingerichtet, Industriebetriebe siedelten sich am gut erreichbaren Verkehrsknotenpunkt an. 1852 lebten in Pasing 590 Einwohner, im Jahre 1916 bereits 9696. Das neue Pasing entstand um die Bahnanlagen, entlang der Bahnhofstraße (später Gleichmannstraße) sowie als Villenkolonie Pasing I und II zwischen der Würm, dem Nymphenburg-Biedersteiner Kanal und dem Bahnhof.

Die Pasinger Papierfabrik

Die industrielle Entwicklung Pasings war zu Beginn des Eisenbahnzeitalters von der Nutzung der Wasserkraft der Würm abhängig. Am südlichen Eingang des Pasinger Stadtparks liegt das 1841 errichtete „Wehr der Papierfabrik oberhalb von Pasing" mit Ableitung in den 1844 fertiggestellten Werkkanal der Papierfabrik von Carl Freiherr von Beck. Der Werkkanal reicht nach Norden bis knapp vor die Hallermühle und bereichert den Stadtpark mit einem zweiten „Würmarm". Nahe des Wehrs errichtete die Stadt Pasing um 1920 ihr Wasserpumpwerk (Planegger Straße 42), das als dreiflügeliges Gebäude wie eine Landvilla am Ortsrand von Pasing liegt.

Die Beck´sche Papierfabrik (Planegger Straße 38) war 1840 als einer der ersten Industriebetriebe in Pasing gegründet worden. Ihre Betreiber spezialisierten sich auf die Briefmarkenherstellung und den Druck der „Schwarzen Einser". Die benötigte Energie wurde bald schon aus Kohle gewonnen. 1922 verfügte die Papierfabrik über ein eigenes Industriegleis. 1891 und 1923 waren Betriebserweiterungen erforderlich geworden. Kesselhäuser von 1870, 1897 und 1928 verdeutlichen die damalige Technikentwicklung. Das Würmwasser im Werkkanal diente dem Wässern und Verdünnen der Papiervorprodukte und wurde bis 1927 in Klärteichen nördlich des Betriebs für die Wiedereinleitung in die Würm aufbereitet. Dort befinden sich heute Spielplätze und ein Rodelberg. Auf dem Gelände der Papierfabrik soll nach der Schließung des Unternehmens Technocell Dekor im Jahre 1995 eine neue Wohn- und Gewerbebebauung entstehen.

Schloss Gatterburg

Der Pasinger Stadtpark mit Würminseln, Steg und Würmkanal entstand teilweise aus den „Gatterburg-Anlagen", die 1931 in den Besitz der Stadtgemeinde Pasing gelangten und seit 1953 parkähnlich gestaltet werden.

Das Schloß „Gatterburg" war im Auftrag von König Maximilian I. anstelle zweier Bauernhöfe am südlichen Ortsrand von Pasing errichtet worden. 1840 erwarb der Papierfabrikant Beck die große Villa mit Parkanlage und gab sie an seinen Schwiegersohn Franz von Gatterburg weiter. Der 1869 neu errichtete zweigeschossige Walmdachbau dient seit 1923 den Passionisten St. Gabriel als Internat und Kloster. Daneben beherbergt es auch ein Staatsinstitut zur Ausbildung der Lehrer an Realschulen.

Das Hofmarkschloss Pasing

Entlang der Planegger Straße, von der „Gatterburg" bis zum Institut der Englischen Fräulein, kann einer Reihe von Anwesen der Ursprung als Bauernhof angesehen werden (z.B. Planegger Straße 20, 17, 15). Andere Häuser führen durch ihre Höhe bis zu vier Geschossen und durch historisierenden Fassadenschmuck bauliche Formen des gehobenen Mietwohnungsbaus um 1900 vor Augen (z.B. Planegger Straße 16, Engelbertstraße 2).

Das Kreuzbogengewölbe auf dem Grundstück der Englischen Fräulein gehört zu den ältesten Bauten Pasings.

Der Burgstall des Hofmarkschlosses, die Hallermühle an der Würm und die Pfarrkirche Mariä Geburt bildeten das Zentrum des alten Dorfes Pasing. Es wird vermutet, daß sich auf der Insel inmitten eines von Würmwasser gespeisten Burggrabens schon im 12. Jahrhundert eine Wasserburg befand, zu der die im späten 12. Jahrhundert bezeugte Würmmühle gehörte. Der Besitz soll schon im 14. Jahrhundert als Hofmark bezeichnet worden sein. Michael Wening stellte das Schloß 1701 auf einem Kupferstich mit Türmchen, Erker, einer Kapelle, der Kirche Mariä Geburt, der Würmmühle und zwei Stegen über die damals erheblich breitere Würm mit Würminseln dar. Letzter Besitzer der Hofmark war König Maximilian I., dessen Sohn Prinz Karl Theodor das Schloß 1817 abbrechen und ein neues Schloß, die spätere „Gatterburg", am südlichen Ortsrand von Pasing erbauen ließ. Vom alten Hof-

Schleusen an der ehemaligen Hallermühle.

markschloß ist unterirdisch noch ein viereckiger Raum mit Kreuzgratgewölben erhalten geblieben.

Die Kirche Mariä Geburt wurde nach einem Ortsbrand im 15. Jahrhundert neu erbaut und wohl um 1680 barockisiert. Erst 1881 konnte sich Pasing von der Urpfarrei Aubing lösen und eine eigenständige Pfarrei mit den Filialen Laim, Pipping, Blutenburg und Obermenzing werden. Die Steiner- bzw. später die Hallermühle war um 1869 zur Kunstmühle ausgebaut worden. Bereits 1853 gab es südlich der Mühle das Flußbad „Steinerbad“ mit Kabinen, Liegewiese, einem Teich für Kahnfahrten und Stegen zur Kirche Mariä Geburt. 1867 erbauten die Betreiber die Gaststätte Steinerbad in der Nähe des Stegs zur Versorgung der Münchner Gäste, die im Sommer in Scharen mit den Vorortzügen in Pasing einfielen. Auf dem Gelände entstand von 1884 an das Kreiskrankenhaus Pasing. An der Außenwand der Pfarrkirche Mariä Geburt finden sich Grabtafeln für Blasius Steiner, „Mühlen- und Badbesitzer“ von 1866 und für Thomas Schmid, „langjähriger Instituts Zimmermann“ von 1890.

Die Englischen Fräulein in Pasing

Die Mädchenschulen der Englischen Fräulein gehen auf Maria Ward zurück, die im frühen 17. Jahrhundert eine neue Ordensgemeinschaft nach den Regeln der Jesuiten zu gründen begann. Im Mittelpunkt der Ordensgründung stand die Erziehung der Mädchen in Lesen, Schreiben, Rechnen, Latein, Französisch, Italienisch, Nähen, Sticken und die Vermittlung des Katechismus. Um einen geregelten Schulunterricht abhalten zu können, lehnten die Englischen Fräulein die strenge klösterliche

Klausur ab. Das wurde von der Kirchenverwaltung lange Zeit auf das heftigste bekämpft. 1835 durften Englische Fräulein in das königliche Erziehungsinstitut in Nymphenburg einziehen, wo bis 1929 auch das Generalat des Ordens seinen Sitz hatte.

Schwestern der Englischen Fräulein kamen im Jahre 1862 nach Pasing und verwirklichten dort große Pläne: Auf dem Grund mehrerer Bauernhöfe und Schloßbesitzungen an der Institutsstraße und der Planegger Straße 4/6 wurde 1866 ein Kloster mit Mädchenvolksschule und Höherer Töchterschule errichtet, das Institut der Englischen Fräulein. Zur „Maria-Ward-Klostergründung" gehörte bald auch die Mädchenschule südlich der Dorfkirche an der Würm, die Anstaltskirche Rosenkranzgöttin von 1890–93, das Schulhaus an der Institutsstraße 4 und die Knabenschule am Schererplatz von 1912. In die Institutsgebäude zog 1957 eine Mädchenmittelschule ein. Gegenwärtig dienen sie als „Studentinnenwohnheim", Berufsschule für Industriekaufleute, Polizeidienststelle und Jugendwohnheim.

An die Bildungsstätte der Englischen Fräulein erinnern das Motto über dem Eingang an der Institutsstraße: „Der Jugend zur Ehr" und der Schwesternfriedhof nördlich der Pfarrkirche Mariä Geburt. Die Ordensschwester Franziska Flesser wurde 1863, im ersten Jahr nach der Niederlassung, in Pasing beigesetzt.

Der Pasinger Würmübergang

Noch im Jahre 1760 befand sich westlich der Pasinger Würmbrücke, also an der Grenze der Landgerichte Starnberg und Dachau, ein „Schlagbaum". 1809 führte die Straße in schräger nordwestlicher Richtung über den Fluß. Die schmalen Stege über die Würm und den Nymphenburg-Biedersteiner Kanal deuten die Lage der alten Brücke an. Erst um 1859 entstand für die Bodenseestraße eine Holzbrücke am jetzigen Standort, die 1898 durch eine Eisenbrücke mit zehn Meter Breite ersetzt wurde. Der Verkehr an dieser Ausfallstraße machte den Neubau der Brücke wiederholt notwendig. Am westlichen Würmufer nahe der Bodenseestraße steht die 1963 nach dem Vorgängerbau rekonstruierte schlichte Johannes-Nepomuk-Kapelle. Die Holzfigur des in der Kapelle aufbewahrten Brückenheiligen Nepomuk soll 1734 geschnitzt worden sein.

Die Pasinger Bahnhöfe

Pasing ist seit der Eröffnung des neuen Flughafens München II im Erdinger Moos zur Drehscheibe des Bahnverkehrs um München geworden. Das hat Tradition. Schon 1932 versuchte Joseph von Baader mit der Schrift „Vorschlag zu einer Eisenbahn zwischen München und Starnberg in Verbindung mit einer Dampfschiffahrt" den Einsatz der Dampfeisenbahn auch in Bayern durchzusetzen. Der große finanzielle Erfolg der 1829 eröffneten Eisenbahnlinie Manchester-Liverpool hatte sich herumgesprochen. Der Vorschlag scheiterte an der Weigerung König Ludwig I., eine Bahntrasse im königlichen Forstenrieder Park zu dulden. Grünes Licht für die erste Eisenbahn mit Personenverkehr in Bayern gab es dann 1834 auf der Strecke Nürnberg - Fürth.

1839 konnte schließlich auch mit dem Bau der München-Augsburger Eisenbahnlinie begonnen werden. Auftraggeber war eine private Gesellschaft unter dem Vorsitz von Johann Anton von Maffei, der zwei Jahre später die erste in Bayern gebaute Dampflokomotive herstellte. Sie war ausgiebig auf den Pasinger Gleisen getestet worden. Die beträchtlichen Baukosten für die MünchenAugsburger Eisenbahnlinie wurden durch die Ausgabe Staatlicher Eisenbahnobligationen gedeckt.

1839 bei der Eröffnung der ersten Teilstrecke der München-Augsburger Eisenbahn nach Lochhausen besaß das Dorf Pasing noch keine Haltestelle. Erst nach der Weiterführung der Bahn von Maisach nach Augsburg im Jahre 1840 entstanden in Pasing zwei Bretterbuden als „Bahnhof", die 1847 durch einen Backsteinbau ersetzt wurden. Der noch existierende alte Pasinger Bahnhof wird im Schatten des neuen Bahnhofbaus kaum wahrgenommen, der 1873 errichtet wurde, als der kleine Bahnhofsbau dem wachsenden Ansturm der Fahrgäste nicht mehr gewachsen war. Über Pasing führten damals die Eisenbahnlinien nach

Augsburg, Memmingen, Starnberg und Herrsching. 1905 zählte man in Pasing 18 Industriebetriebe, von denen nur wenige einen Standort weitab der Eisenbahnlinien gewählt hatten. Die bedeutendsten Gewerbegebiete Pasings liegen heute noch auf Bundesbahngrundstücken entlang des Gleiskörpers.

Pasing wurde 1938 München angegliedert und sollte zum Verkehrsknotenpunkt der Reichsautobahnen von Stuttgart und Lindau ausgebaut werden. Zur Bewältigung des hohen Verkehrsaufkommens und im Zuge des Ausbaus der Stadt zur „Hauptstadt der Bewegung" entstanden die immer noch überdimensioniert wirkenden Bahnunterführungen an der Pippinger Straße und Offenbachstraße.

Die Villenkolonie Pasing I

Die hervorragende Verkehrsanbindung Pasings war im Jahre 1892 der entscheidende Faktor zur Gründung der „Villenkolonie Neu-Pasing I". Selbst die entlegensten Bauplätze der neuen Wohnsiedlung zwischen der Bahnanlage und dem Nymphenburg-Biedersteiner-Kanal lagen nicht mehr als 800 Meter vom Bahnhof entfernt. Nachdem für Beamte, die in München arbeiteten, die Wohnpflicht in der Stadt aufgehoben worden war und eine Lokalbahn im 15-Minuten-Takt zwischen München und Pasing verkehrte, nahm die Zahl der gebauten Villen rasch zu. Die Villenkolonie gilt als erster organisierter Einfamilienhausbau außerhalb des damaligen Münchner Burgfriedens und ermöglichte dem solventen Mittelstand die „Flucht aufs Land", ins freistehende Einfamilienhaus. Unter der spekulativen Vorfinanzierung und Planung von August Exter entstanden bis Herbst 1893 die ersten 35 Einfamilienhäuser der Kolonie.

Ein Werbeargument Exters beim Verkauf der Villen war die Nähe der Villenkolonie zum Schloßpark Nymphenburg und zu den vielbesuchten Würmbädern, welche „hier noch besonders rein sind". Wegen Fragen der Kanalisation mußte Exter den Aufbau der Kolonie mehrfach einstellen, da es Schwierigkeiten mit der Aufsichtsbehörde über den Nymphenburg-Biedersteiner Kanal gab. Es wurde befürchtet, daß der Kanal durch den Bau und die Bewohner der Villenkolonie verunreinigt werden könnte. Der Prinzregent, der im Sommer täglich im Kanal zu baden pflegte, hätte dies als störend empfunden.

Die Auflagen konnten erfüllt werden und die Kolonie wuchs bis 1897 auf 120 Anwesen mit ländlichem Charakter an. Damit war sie baulich nahezu aufgefüllt.

Den rasterartigen Grundriß der Villenkolonie bestimmte das Straßenkreuz der Fritz-Reuter-Straße mit der Orthstraße. Die Bauherren konnten damals aus einem Katalog unter vielen Haustypen, Bauformen und Gestaltungsmöglichkeiten wählen. Wie nach dem Baukastenprinzip entstanden die Villen, Landhäuser und „Schlößchen" , jedes mit einem besonderen Äußeren: Türmchen, Erker, Balkone mit aufwendiger Schnitzarbeit, Medaillons und Fassaden mit unterschiedlichen Putztechniken. Die ein- oder zweigeschossigen Häuser mit ausgebautem Dachgeschoß hatten mindestens drei Zimmer. Sie konnten für 8500 bis 34000 Mark einschließlich Grundstück, Kanalisation und Wasserleitung erworben werden. Die Wohn- und Repräsentationsräume waren zumeist zur Straße hin gelegen.

Die bevorzugte Lage in der Kolonie war die am Nymphenburg-Biedersteiner Kanal in Richtung Norden. Einen guten Eindruck von der Vielfalt der Bauformen erhält man an der Marsopstraße. Hervorzuheben sind die Reihenhäuser (Marsopstraße 6a–c und 8/8a, in einer damals erfundenen Form des Einfamilienhausbaus), Villen im Landhausstil (Marsopstraße 12 und 14), ein „Schlößchen" (Marsopstraße 16) und eine Villa im historisierenden Jugendstil (Marsopstraße 18).

Das Zentrum der Kolonie sollte der Wensauer Platz nahe dem Pasinger Bahnhof werden. Der wurde nach dem Vorbild des bayerischen Angerdorfes mit Giebelhäusern ländlichen Typs umbaut. Die am „Marktplatz" angesiedelten kleinen Geschäfte für den täglichen Bedarf konnten sich nicht lange halten, zu groß und zu nah war die Konkurrenz in München.

Barocke Wasserspiele, olympisches Baufieber – Am Nymphenburg-Biedersteiner-Kanal

In Pasing markiert ein weißblauer Maibaum an der Bodenseestraße beim Schleusenwärterhäuschen den Beginn des Nymphenburg-Biedersteiner-Kanals. Im Winter werden hier rund 1,6 m^3/s und im Sommer rund 2,2 m^3/s Würmwasser zum Nymphenburger Schloßpark abgeleitet. Der Kanalbau begann 1701 in Pasing und erreichte schon bald den Schloßpark. Das Würmwasser bereicherte die Ausstattung des Schloßparks um barocke Wasserspiele, „springende Wasser" und ein mit Gondeln befahrbares Kanalnetz. 1703 hatten die Kanalbauer die Georgenschwaige östlich des heutigen Olympiaparks erreicht. Max Emanuel wollte von dort eine direkte Kanalverbindung zwischen der Münchner-Residenz und dem Schleißheimer Schloßpark herstellen. Dazu kam es jedoch nicht. Statt zum Schleißheimer Schloßpark nach Norden wurde der Kanal im späten 18. Jahrhundert nach Osten zum ehemaligen Schloß Biederstein in Schwabing fortgeführt. und erreicht im alten Bachbett der „Schwarzen Lacke" das Auenbachsystem der Isar. Der Nymphenburg-Biedersteiner-Kanal mußte genau geplant und ausgeführt werden. Das Gefälle zwischen der Würmableitung in Pasing und dem Kanalende in Schwabing beträgt nur 20 Meter.

Direkt nach der Bodenseestraße zweigt der Würmkanal (rechts) von der Würm ab und fließt nach Nymphenburg.

Der Nymphenburger Schlosspark

Schloß Nymphenburg ist auf dem Areal landwirtschaftlicher Güter des Ortes Kemnaten entstanden. Die kleinen ehemaligen Orte Ober- und Unterkemnaten, Gern und Friedenheim lagen weit vor der Stadt und wurden als Hofmarken verwaltet. Heute sind sie in den Münchner Stadtteilen Nymphenburg und Neuhausen aufgegangen und teilweise vergessen.

Kurfürst Ferdinand Maria erwarb 1663 die Hofmark Kemnaten und schenkte sie seiner Gemahlin Henriette Adelaide von Savoyen zur Geburt des Kronprinzen Max Emanuel. Bereits 1664 wurde nahe der Schwaige für eine stadtnahe Landvilla im italienischen Stil das Fundament ausgehoben. Der Mittelpavillon von Schloß Nymphenburg nahm Form an.

Nymphenburg

Der Kanal, kurz bevor er in den Nymphenburger Park fließt.

Blick über das Wasserparterre von der Stadtseite auf Schloß Nymphenburg.

Reflexionen eines Netzes, vor der Fassade des Schlosses.

Dem jungen Kurfürsten Max Emanuel hatte die erfolgreiche Verteidigung Wiens 1683 und die kühne Eroberung Belgrads 1688 europäischen Ruhm eingebracht. Nach der Hochzeit mit der Kaisertochter Maria Antonia machte er sich Hoffnung, den spanischen Königsthron und später auch den deutschen Kaiserthron für seinen Sohn Johann Ferdinand erringen zu können. Der zukünftigen Bedeutung seiner Familie entsprechend begann er, die Residenzen in Nymphenburg und Schleißheim auszubauen. Johann Ferdinand starb 1699 als Siebenjähriger. Sein Tod löste den Spanischen Erbfolgekrieg zwischen Frankreich und Österreich aus. Max Emanuel schlug sich auf die Seite des Franzosenkönigs, der verlor 1704 die entscheidende Schlacht bei Höchstädt. Max Emanuel mußte vor den Österreichern nach Belgien fliehen und schließlich nach Paris ins zehnjährige Exil. Die Aufenthalte in Belgien und Frankreich beeinflußten die Planung für den Nymphenburger Schloßpark. Max Emanuel kannte schon aus seiner Tätigkeit als kaiserlicher Statthalter im heutigen Belgien von 1692 – 1701 das „holländische Kanal- und Grachtensystem" sowie die Anlage niederländischer Wasserschlösser. In Frankreich nun lernte er die verfeinerte Gartenbaukunst der Anlagen des Sonnenkönigs Ludwig XIV. kennen. Zur Erweiterung der Schloßgärten und Schlösser in Nymphenburg und Schleißheim blieb ihm nur die Zeitspanne von 1701 bis 1704 (Exil) sowie die Zeit von 1715 (Rückkehr) bis zu seinem Tod 1726.

Der Kurfürst begann 1701, die Landvilla seiner Mutter durch Galeriebauten, Seitenpavillons und die Vierflügelbauten des Marstalls im Süden sowie der Orangerie im Norden zur streng symmetrisch konzipierten Schloßanlage zu erweitern. Seine Nachfolger setzten das Werk fort. Westlich des Schlosses entstand ein Barockgarten nach französi-

Nymphenburg. Mittelbau des Schlosses mit dem 950 Meter langen Kanal.

schem Vorbild, mit einem ab 1804 angeschlossenen Landschaftsgarten nach englischem Vorbild. Nach Planungen unter Kurfürst Karl Albrecht sollte der große Ehrenhof östlich des Schosses mit Pavillonbauten entlang eines halbkreisförmig zur Innenstadt Münchens schließenden Rondells der Ausgangspunkt einer neuen Stadt, der „Karlstadt", werden.

Die Errichtung und Nutzung der Kanäle im Nymphenburger Schloßpark war mehr als nur eine fürstliche Liebhaberei. Die Kanäle dienten zum Transport der Baumaterialien. Sie trieben Mühlen und Pumpwerke an und stellten als Verbund jenes höfische Verkehrssystem dar, das die Münchner Stadtresidenz mit den Schlössern in Dachau, Nymphenburg und Schleißheim verbinden sollte.

Das Würmwasser nähert sich dem Schloßpark im Nymphenburg-Biedersteiner-Kanal von Westen. Mit schußartig-rhythmischem Geräusch fällt es kurz nach dem Eintritt in den Park über die Große Kaskade in den breiten Hauptkanal und gleitet darin über eine Länge von 950 Meter auf das Schloß zu. Die Hauptfiguren der Kaskade symbolisieren den Flußgott Donau und die Quellnymphe Isar. Der unbedeutenden Würm wurde keine Quellnymphe zugestanden. Vor dem Schloß teilt sich der Hauptkanal in zwei Ableitungen und fließt unter den Galeriebauten zur Stadtseite des Schlosses, um sich im „Nymphenburger Kessel" wieder seeartig zu vereinen.

Über eine neue rauschende Stufe, den Kanalkopf mit Schleusenfunktion, gelangt Würmwasser in den tieferliegenden Nymphenburger Stichkanal. Infanteristen der Münchner Garnison hatten den 1,5 Kilometer langen Graben 1728-1730 ausgehoben. An seinem östlichen Ende weitet sich der Kanal zu einem ruhig daliegenden Teich, umgeben von hohen Dämmen.

Brücke zur Badenburg.

Monopteros am Großen See.

Der Hauptkanal bildet mit dem Nymphenburger Stichkanal die Mittelachse der weit in die Landschaft wirkenden Schloßanlage. Von der parkseitigen Freitreppe des Mittelpavillons aus lenken drei Sichtachsen des ehemaligen Barockgartens den Blick auf die Kirche Mariae Geburt in Pasing, auf die Kirche St. Wolfgang in Pipping und auf das Schloß Blutenburg in Obermenzing. Diese Sichtachsen queren den Park mittig und diagonal. Sie verdeutlichen historische Verbindungen zwischen der Sommerresidenz Nymphenburg und dem Herrschaftsbereich der Kurfürstenfamilie an der Würm: ein Teil von Pasing, Pipping und Blutenburg befand sich als Hofmark Menzing von 1702 bis 1730 im Besitz der Kurfürstinnen Henriette Adelaide und später Therese Kunigunde.

Die Neugestaltung und Vergrößerung des alten Barockgartens veranlaßte Max Emanuel nach der Rückkehr aus dem Pariser Exil. Zwischen 1716 und 1728 entstanden die Gartenschlößchen Pagodenburg und Badenburg sowie die Magdalenenklause im Schloßpark. Die Bezeichnung Pagodenburg geht auf kleine chinesische Götterfiguren zurück, die man damals Pagoden nannte. Sie sind in der Innenausstattung zahlreich dargestellt.

Die Grundidee für die Badenburg mit einem zweigeschossigen, festlich ausgeschmückten Badesaal lieferte das Nymphäum, das antike Heiligtum der Quellgottheiten. Das Wasserbecken für das Spiel der „Nymphen" füllt die Würm.

Die Badenburg lag außer Sichtweite des normalen Volkes und blieb von diesem unbehelligt. So konnten sich die Kurfürsten im Nymphenburger Schloßpark - ungestört dem orientalisch anmutenden Luxus des ersten beheizbaren Hallenbades seit den römischen Thermen hingeben. Dabei tat sich besonders ein Sohn Max Emanuels hervor, Karl Albrecht, der spätere Kaiser Karl VII. Seine Ehe mit Amalie, Tochter des österreichischen Kaisers Josephs I. war sehr belastet: Der Wittelsbacher belog und betrog Amalie. Das Liebesnest war die Badenburg. Es herrschten Luxus und Laster, wie sie nur die berüchtigten Bäder des Orients bieten konnten. Karl soll von seinen Freundinnen schließlich rund 40 illegitime Kinder gehabt haben. Trotz persönlicher Abneigung ließ er seiner Frau im Schloßpark die Amalienburg bauen, ein Hauptwerk des bayerischen Rokoko. Amalie war es dann wohl auch, die alle erotischen Darstellungen im „Badhaus" entfernen ließ. An das luxuriöse Badeleben erinnert nur noch das „30 Schuh lange und 21 Schuh breite" Marmorbecken.

Die Gartenschlößchen wurden in den diagonal durch den Park verlaufenden Sichtachsen des Barockgartens errichtet. Friedrich Ludwig von Sckell gestaltete im frühen 19. Jahrhundert zwischen den Gartenschlößchen eine Querachse, die nach Norden bis Hartmannshofen reichte und nach Süden durch das „Löwental" auf die Zugspitze ausgerichtet war. Um „die äußere Landschaft mit der inneren in Harmonie und Verbindung" zu bringen, senkte Sckell die bereits 1733 vollständig um den Schloßpark errichtete Schloßmauer an mehreren Stellen, an den sogenannten „Aha's" ab. Wie in barocker Zeit reichte der Blick wieder bis ins Würmtal. Dem heutigen Betrachter verstellen der Bahndamm und Industriebauten den Blick in die umgebende Landschaft.

Innerhalb des Schloßparks wird ein System von Seitenkanälen und „Bächen" aus dem Nymphenburg-Biedersteiner-Kanal versorgt. Grundlage der Wasserführung ist das Nordostgefälle im Schloßpark. Das Würmwasser konnte jedoch in den Kanälen höchst kunstvoll durch Schleusen und Pumpwerke zum Teil auch gegen das natürliche Gefälle in Bewegung gehalten werden. Am westlichen Rand des Schloßparks, noch vor der Großen Kaskade, zweigt ein Seitenkanal nach Süden ab. Er füllt seit 1805 den Badenburger See zwischen dem Säulenrundtempel Monopteros und der Badenburg. Der Badenburger See liegt etwas höher als der Hauptkanal. Über einen unterirdischen Auslauf wird seit 1810 aus dem Hauptkanal der erneut tieferliegende Pagodenburger See gefüllt. Ein scheinbar natürlich entstandener schlängelnder Bachlauf umfließt die Pagodenburg an seinem nord-östlichen Ufer und verläßt den Schloßpark durch das „Pagodenburger Tal" nach Norden. Malerisch überhängen Baumäste den Kanalarm. Dessen Wasser geht dem System in einem Versickerungsschacht an der Allacher Straße verloren. Eine kleine Ableitung mit „heilkräftigem Wasser" versorgt zuvor noch den „Brunnen", der für Bußeübungen bewußt ruinenartig gestalteten Magdalenenklause im nördlichen Bereich des Schloßparks.

Ein Teil des Würmwassers wird vor der Großen Kaskade abgeleitet und an einem Seitenkanal im südlichen Teil des Schloßparks in einem Pumpenhaus auf ein Wasserrad gebracht. Der Wasserdruck treibt die Fontäne im Gartenparterre des Schloßparks an. Max Emanuel ließ zum Bau der Pumpanlage „fontaineurs" aus Frankreich kommen. Der Ruhm der hydraulischen Pumpmaschinen in Nymphenburg war der epochalen französischen Enzyklopädie von Denis Diderot und Jean D'Alembert 1765 zwei Abbildungen wert. Die heute im Pumpenhaus arbeitenden Wassermaschinen zählen bereits zur 3. Generation. Mitte des 19. Jahrhunderts wurden sie neu gebaut und treiben die Fontäne auf maximal 20 Meter Höhe. Diese Wassermaschinen gehören zu den ältesten erhaltenen, in Metall ausgeführten Maschinen Deutschlands.

Zwischen dem Pumpenhaus und der Amalienburg vereinigt sich das Wasser im Seitenkanal mit dem Wasser im Hauptkanal. Ein gemauertes Wehr mit Kastenschleuse aus Nagelfluh sichert die Befahr-

barkeit der Kanäle für kleine Schiffe und Gondeln in beide Richtungen. Die Ringe an der Kastenschleuse dienten zum Befestigen der Boote.

Im Eckturm des ehemaligen Orangeriegebäudes des Schlosses arbeitet eine zweite Wassermaschine. Pumpen von 1835 treiben die Fontäne vor dem Schloß auf maximal 20 Meter Höhe.

Im Jahre 1789 soll es im Schloßpark 638 kleinere „springende Wasser“ gegeben haben. Heute sorgen „springende Wasser“ für Sicherheit, denn auch die Sprinkleranlage des Schlosses wird aus dem Nymphenburg-Biedersteiner-Kanal bedient.

Die Hofgesellschaft hat immer nur Teile des Parks genutzt, in dem regelrechte kleine Reisen und Ausflüge unternommen wurden, je nachdem, ob man jagen, dem Ballspiel frönen oder bei einer Bootsfahrt die kühlende Wirkung des Wassers genießen wollte. Die Gartenschlößchen dienten nur dem kurzen Besuch, nicht dem Wohnen.

Es war eine in Wasserspiele verliebte Gesellschaft, die sich am Münchner Kurfürstenhof in Nymphenburg um 1730 traf: „Der Schloßgarten wurde im Wagen besichtigt, das Frühstück in der Pagodenburg eingenommen. Dann jagte man auf Fasanen, Hasen und Rebhühner. Aber am Abend begab sich alles nach der großen Maschine, darunter war ein

Proserpina mit Zepter und Eule Ascalaphus.

breites floßähnliches Schiff zu verstehen, das auf dem mittleren großen Kanal als ein schöner See- oder Friedenstempel gar angenehm zugerichtet war. Der ganze Garten samt dem Schiff war illuminiert. Zwei Tafeln standen im Fahrzeug zu 60 und zu 30 Gedecken. Das Fahrzeug war inwendig mit schönem roten Damast voll austapeziert und mit silbernen Bordleuchten behängt, von außen aber mit viel hundert Lampen beleuchtet. Viele Schiffe und Gondeln folgten der Maschine bis zur Mitte des breiten Kanals gegen die Große Kaskade hin. Auf dieser Flotte befanden sich zwei Chöre, Trompeten und Pauken, Schalmeien, Musik und Waldhörner ließen sich unaufhörlich hören. Nach der Tafel begann man mit dem Tanze, den das

Kurfürstenpaar eröffnete. Der Koloß von Schiff fuhr während des Tanzes bis zur Kaskade und machte dann den Rückweg." (Vgl. Ponten, 1928)

Der Adel nutzte die Kanäle im Schloßpark bis weit ins 19. Jahrhundert hinein für wiegende Gondelfahrten nach venezianischem Vorbild. Ruderkundige Gondolieri aus Venedig wurden eigens vom Münchner Hof angeworben. Von ihnen hieß es noch 1837: „Diesselben hatten zweyerley Schiffs-Livreen, eine für Galla und eine für den ordinären Gebrauch", für Dienstgeschäfte abseits der Kanäle.

In frühen 19. Jahrhundert errichtete Friedrich Ludwig von Sckell im Auftrag des Königs Max I. mehrere Gewächshäuser mit separaten Ziergärten im nördlichen Schloßparkgelände. Im „Palmenhaus" füllte Würmwasser die erste Warmwasserheizung Deutschlands. Auch der Botanische Garten entstand nördlich des Schlosses ab 1812 nicht zuletzt wegen der einfachen Bewässerung des Areals durch Würmwasser. Die Zeiten haben sich auch hier geändert. Das Würmwasser muß in unserer Zeit erst durch eine Wasseraufbereitungsanlage fließen, bis es die zum Teil höchst empfindlichen Pflanzen erreicht.

Das Nymphenburger Schloß wird gerne als Kulisse für Hochzeitsbilder genutzt.

„Karlstadt" und die Porzellanmanufaktur Nymphenburg

Die letzte große Baumaßnahme am Schloß Nymphenburg auf der Stadtseite war der Bau des Rondells, einer halbkreisförmig um den äußeren Schloßbereich geführten Mauer mit zehn einander gegenüberstehenden Pavillons. Kurfürst Karl Albrecht betrachtete das geplante Rondell um 1728 bereits als Zentrum der von ihm geplanten „Karlstadt". Offenbar sollte der damals gerade gegrabene Nymphenburger Stichkanal im Zuge der Errichtung der „Karlstadt" bis nach München verlängert werden und mit den beiden Auffahrtsalleen längs des Kanals die Basisachse der Planstadt bilden. Es war vorgesehen, weitere Straßenzüge vom Schloßrondell nach Osten „ausstrahlen" zu lassen. Mehr als die zehn Pavillons am Schloßrondell und einige Doppelhäuser an den Auffahrtsalleen wurden jedoch nicht gebaut. Der Tod Karl Albrechts brachte die Planung und begonnene Ausführung 1745 zum Erliegen.

Der letzte Rondellpavillon wurde 1758 fertiggestellt und darin 1761 die Porzellanmanufaktur Nymphenburg untergebracht. Die Porzellanmanufaktur war 1747 im Schloß Neudeck in der Au, einer ehemaligen Vorstadt Münchens, entstanden. Ein Grund für die Verlegung nach Nymphenburg (Nördliches Schloßrondell 6–8) war die dort verfügbare Wasserkraft der Würm. Unter Aufsicht der Wittelsbacher Familienstiftung treibt Würmwasser bis heute die Massemühle und die Drehscheiben des Handwerksbetriebs an. Die Krafterzeugungs- und Übertragungsanlagen der Manufaktur sind technische Denkmäler. Unter dem Pavillon, heute mit Verkaufs- und Ausstellungsräumen, verläßt der Nymphenburg-Biedersteiner-Kanal das Schloßareal in Richtung Gern, Oberwiesenfeld und Georgenschwaige.

Der Kanalbau war in diesem Abschnitt wohl um 1702 begonnen worden. Auf der Höhe Menzinger Straße 9a und 9b stehen nahe des Kanaldamms kleine Tagelöhnerhäuser. Sie bieten wegen ihres Bauzustands einen beklagenswerten Anblick. Im Schatten der Macht und des höfischen Glanzes wohnten hier früher Tondreher, Porzellanmaler, Hofgärtner und Hofhandwerker. Deren Kleinvieh weidete auf dem Kanaldamm.

Villen-Kolonie Nymphenburg-Gern

Zwischen dem Nymphenburg-Biedersteiner-Kanal und dem Nymphenburger Stichkanal entstand Ende des 19. Jahrhunderts eine Familienhäuser-Kolonie, die in gewisser Weise die Idee der „Karlstadt" aufgriff und Erfahrungen vom Aufbau der Villenkolonie Pasing I verwerten konnte.

Der Zeitpunkt war gut gewählt, Nymphenburg wurde 1899 Teil der Stadtgemeinde München. Eine Pferdebahn und eine Dampfstraßenbahn sorgten für den Verkehrsanschluß.

> *In Bauzeitungen wurde geworben: „Wer im Einklang mit den heutigen Forderungen nach Kunst, der Gesundheit und der Bequemlichkeit nicht nur den Wohlhabenden, sondern auch dem gering begüterten gebildeten Mittelstand ein Familienheim schafft, hat den Schlüssel zur Lösung nicht unbedenklicher sozialer Schwierigkeiten gefunden. Mehrere teils mit blühenden Kugelakazien, teils mit schattigen Ahorn- und Eschenallen bepflanzte Straßen gliedern den freundlichen Villenort, der stetig an Reiz und Umfang zunimmt. Hier erheben sich inmitten weiter Gärten schlößchenartige Villen, gegiebelt oder getürmt, mit Erker oder Balkon, eine schön gemalte Sonnenuhr oder Madonna an der Stirnseite. Ein weiter Lawn-Tennisplatz lädt zum gemeinsamen Spiel, der nahe Kanal mit seinem klaren, milden Wasser zum Baden und Schwimmen oder einer von Schwänen begleiteten Ruderfahrt."*

Die Projektierung und Realisierung der Villenkolonie Nymphenburg-Gern leitete innerhalb der städtebaulichen Entwicklung Münchens eine neue baupolitische Phase ein. Private Terraingesellschaften begannen Einfluß auf den Immobilienmarkt zu nehmen. Sie erwarben Grundbesitz, parzellierten das Gelände, erschlossen es in bautechnischer Hinsicht. Sie planten die Bebauung, führten sie aus und boten die Objekte zum Kauf an. 1892 trat die Baufirma Heilmann & Littmann als Käufer des Geländes um die Klug-, Tizian-, Böcklin- und Malsenstraße auf. Bis 1898 waren in Gern über 100 Häuser dieser Baufirma entstanden Einfamilienhäuser nach dem damals höchst modischen Vorbild englischer und belgischer Reihenhäuser, zusammengefaßt zu Gruppen von drei bis vierzehn Bauten in einer Front. Dazwischen und an Straßenecken lockerten freistehende Pavillon-Bauten den Gesamtkomplex auf. In München wurde damit erstmals der Versuch unternommen, die Vorteile des Einfamilienhauses mit der billigeren Form des Reihenhauses in Verbindung zu bringen, ohne dabei auf eine differenzierte Bauweise und abwechslungsreiche architektonische Gestaltung zu verzichten. Durch asymmetrische Fassadengestaltung, Zusammenziehen und Überdachung von Hauseingängen, durch Eingangstreppen, unterschiedliche Dachlösungen, Verwendung von Fachwerk oder Kratzputz war trotz Reihung der Einfamilienhäuser ein malerischer Formenreichtum entstanden. Die Kleinteiligkeit und Maßstäblichkeit der Dimensionen trugen hierzu sicherlich entscheidend bei.

Die Villenkolonie Nymphenburg-Gern befand sich in ihrer Blütezeit von 1892 bis 1933 „auf dem Land". Neben Schwabing und der Künstlerkolonie in Dachau wurde auch die Kolonie in Gern als etablierter „Künstlerort" verstanden. Allein 47 Häuser der Villenkolonie waren bereits mit Dachausbauten für Ateliers in Auftrag gegeben worden. Zu den Bewohnern gehörten Philipp Röth, der Landschaftsmaler, der oft seine Staffelei auf den Fluren Gerns aufgestellt hatte, der Katzenmaler Julius Adem, der Radierer Peter von Hahn, Ernst Liebermann und Wilhelm Jakob Hertling, dessen Bilder deutlich machen, wieviel Malerisches in der vermeintlich dürren Landschaft um Allach, Schleißheim und Augustenfeld noch um die Jahrhundertwende zu entdecken war

> *Bei einem abendlichen Trunk unter den Kastanien der Gerner Brauerei saß man Tisch an Tisch mit den Künstlern und lange noch vor dem Aufkommen der perfektionierten Badetechnik schwamm die Jugend im brettereingesäumten Bett des Würmkanals im Gerner Bade um die Wette. Am kiesigen Grund tauchend wurde bisweilen nach den Brillen der behäbigen Herren gefischt, die diesen von Würmwasserwellen von den Ohren gespült worden waren.*

Weit mehr als die Hälfte der Villen wurde im Zweiten Weltkrieg beschädigt oder zerstört. Seit Ende der sechziger und Anfang der siebziger Jahre verändert sich das Erscheinungsbild der Villen entlang der Gerner Straßen durch das Einfügen von modernen Geschoßbauten und die Überbauung von Freiflächen. Noch am anschaulichsten präsentiert sich das bauliche und städtebauliche Konzept der Villenkolonie Nymphenburg-Gern in der Böcklinstraße.

Ein Streifzug entlang der Böcklinstraße hat seinen ganz besonderen Reiz. Er führt durch ein dichtes Denkmalensemble zur Reihenhausgruppe Böcklinstraße 42 – 60 (von 1902 – 1904), Böcklinstraße 33 – 37 (von 1894 – 1901), Böcklinstraße 34 – 38 (von 1904/05) hinten eine platzartigen Straßenerweiterung und Böcklinstraße 24 – 30 (von 1905), zur Villa Böcklinstraße 57 (von 1892), zu dem Eckhaus Böcklinstraße 31 (von 1892), zu den Villen Böcklinstraße 27 (von 1907), Böcklinstraße 25 (von 1895) und Böcklinstraße 19 (von 1893), zu den Reihenhäusern Böcklinstraße 14 – 20 (von 1908/1912), Böcklinstraße 12 (mit Malsenstraße 56 – 58 von 1895) und Malsenstraße 23 (von 1906) mit Malsenstraße 21a/23.

Oberwiesenfeld und Olympiapark

Zwischen der Villenkolonie Nymphenburg-Gern und dem Olympiapark erreicht der Nymphenburg-Biedersteiner-Kanal das Dantebad, eines der früher so zahlreichen mit Würmwasser gefüllten Kanalbäder. Die Münchner und das im Münchner Norden stationierte Militär haben, als Freibäder in Mode kamen, ganz offenbar das etwas wärmere Wasser der Würm mehr geschätzt als das der Isar. Zu erinnern ist an die Münchner Militärschwimmschule, die Militär-Badeanstalt und das spätere Freibad Georgenschwaige, das Ludwigsbad und das Ungererbad. Das Dantestadion war 1928 mit Schwimmbecken für den Vereins- und Schulsport eröffnet worden. Die Tribünen faßten damals bereits 23 000 Zuschauer. Bis zum Bau der olympischen Wettkampfstätten ab 1966 blieb das Dantestadion die einzige wettkampfgerechte Anlage der Stadt München. Heute noch, nach der Erweiterung zum städtischen Freibad dient die Sportstätte dem Münchner Schulleistungssport.

Das Oberwiesenfeld war mehrfach starken Wandlungen ausgesetzt: Im 18. Jahrhundert lag es als wenig fruchtbares Weide- und Ackerland vor den Toren der Stadt. Die Münchner Militärgarnison beanspruchte Teile des Geländes für militärische Übungen. 1909 landete Graf Zeppelin mit dem Reichsluftschiff Z 1 auf dem Oberwiesenfeld. Im selben Jahr wurden in München auch erste Erfahrungen mit Blériot-Eindecker-Flugzeugen gemacht. Auf den brettlebenen Exerzierplätzen der „Schweren Reiter“ und der Infanteristen sorgten die Fluggeräte für Aufsehen und Schrecken. Die „fliegenden Kisten“ konnten nur gegen den aus wechselnden Richtungen wehenden Wind starten und landen, was zu unvorhersehbaren Start- und Landemanövern führte. Der vergleichsweise regellose Übungs- und Flugbetrieb mußte zum Militärflugplatz bei Schloß Schleißheim verlegt werden.

Nach dem Verbot der deutschen Militärfliegerei 1918 setzte der Zivilflugverkehr um München bereits 1919, am Oberwiesenfeld wieder ein. Doch erst 1925 sah man die Notwendigkeit ein, eine Start- und Landebahn eigens zu planieren. Das Gehopse der Maschinen über die Heide hatte endlich ein Ende. Von 1930 bis 1939 befand sich auf dem Oberwiesenfeld der zweitgrößte deutsche Zivilflugplatz. Dann übernahm der neu eingerichtete Flughafen München-Riem den zivilen Flugbetrieb. Auf dem Oberwiesenfeld wurden Einheiten der deutschen und nach 1945 der amerikanischen Luftwaffe stationiert.

Am Rand der ebenen Fläche des Oberwiesenfeldes war nach 1945 bergeweise der Trümmerschutt der zerbombten Stadt München abgeladen worden. Nach dem Abzug der amerikanischen Militärflieger ging die Zeit des Flugplatzes Oberwiesenfeld zu Ende. Die letzten Flugplatzgebäude wurden 1968 abgetragen. Die Flugzeughalle wich dem Radstadion und das Abfertigungsgebäude der Osttribüne des Olympiastadions.

Die Olympischen Sommerspiele 1972 in München förderten den Aufstieg der Stadt zur „heimlichen Hauptstadt“. Die Stadt wurde in den späten 60er Jahren die am schnellsten wachsende Großstadt Deutschlands. Der TSV 1860 München war 1966 Deutscher Fußballmeister, der 1. FC Bayern München 1966 und 1967 Deutscher Fußballpokalsieger geworden. 1967 gewannen die „Bayern“ dann

Der Nymphenburger-Kanal an der Dachauer Straße.

auch noch den Europapokal der Pokalsieger. Der seit 1963 anvisierte Bau eines großen Fußballstadions war für München zu einer Imagefrage geworden.

Nachdem das Internationale Olympische Komitee am 26. April 1966 entschieden hatte, die Olympischen Sommerspiele 1972 nach München zu vergeben, rückte nicht nur der Bau eines Großstadions sondern auch der Bau eines bis in die Region reichenden öffentlichen Nahverkehrsnetzes und eines „autogerecht“ ausgebauten Straßennetzes für den absehbar größten Besucheransturm in der Geschichte der Stadt in greifbare Nähe.

Als es an die Planung und Gestaltung des Olympiaparkgeländes zwischen den olympischen Wettkampfstätten ging, wurden die bis zu 60 Meter hohen Schuttberge und der Nymphenburg-Biedersteiner-Kanal zu bestimmenden Elementen einer neu geschaffenen „alpinen“ Kunstlandschaft mit Aussichts-

Der anläßlich zur Olympiade 1972 gestaltete Olympiasee.

Ausschnitt aus dem größten Zeltdach der Welt (70 800 m²).

Der 290 m hohe Olympiaturm ist Münchens höchstes Bauwerk und damit zugleich eines seiner bekanntesten Wahrzeichen.

Ost-West-Kirche. Der einstige Schwarzbau auf dem Oberwiesenfeld ist mit seinem Erbauer zur festen Institution geworden. Inzwischen wird die orthodoxe Kirche sogar in Stadtplänen und Reiseführern erwähnt.

punkten auf die Stadt und die Wettkampfstätten. Rund drei Millionen Kubikmeter Erde mußten bewegt werden, um die auf flachen Anhöhen errichteten Sportstätten mit einer sanft geschwungenen Hügellandschaft zu umgeben. Kleinwüchsige Bäume lassen bis heute die „Berge“ höher erscheinen als sie sind. Das Wegenetz ist dank seiner geschickt aufgeteilten und häufig parallelen Führung unaufdringlich und zugleich aufnahmefähig.

Eine immer noch Aufsehen erregende gewaltige Zeltdachkonstruktion überspannt die Hauptsportstätten: die Olympiahalle für knapp 14 000 Zuschauer, die Olympia-Schwimmhalle und das Olympiastadion für bis zu 80 000 Zuschauer. Zwischen den Schuttbergen und den Sportstätten nehmen mit Asphaltbeton abgedichtete flache Becken das Würmwasser aus dem Nymphenburg-Biedersteiner-Kanal auf. Der 80 000 m^2 große „Olympiasee“ ist fast einen Kilometer lang und wird in seiner Mitte durch eine Wehrschwelle geteilt, die Sauerstoff in das Wasser einmischt. Silberweiden, eine Sumpfzone am Südufer, eine kleine Insel mit alten Bäumen sowie einige Granitfelsen gestalten das Ufer des Sees. Bei einem Wolkenbruch können bis zu 5,5 m^3/s Regenwasser vom Dach-Gebirge in den Kunstsee strömen.

Mit 290 Meter Höhe bildet der Olympiaturm den Hauptakzent im Olympiapark. Er war zeitweise mit einer Geschwindigkeit von zwei Metern pro Tag von 1965 bis 1968 erbaut worden. Eine Widmung im Grundstein des Olympiaturms gibt den fortschrittsgläubigen Zeitgeist der Apollo-Missionen und Mondflüge Anno 1968 wieder: „Möge dieses große technische Werk, der höchste Turm Deutschlands, gleichzeitig höchster Stahlbetonturm Westeuropas, ein neuer Blickpunkt in der Stadtsilhouette, vor Zerstörung durch die Natur oder menschliche Gewalt verschont bleiben, in einem Zeitalter, in dem der Mensch sich anschickt, immer mehr in das All vorzudringen und andere Planeten zu erforschen und zu erobern.“

Eine lebende Erinnerung an das bunte Umfeld der Zeit der Olympischen Sommerspiele 1972 in München ist „Väterchen“ Timofey mit seiner kleinen russisch-orthodoxen Kirche am Rudolf-Harbig-Weg südwestlich des Aussichtsberges geblieben. Der Eremit baute um 1953 ohne behördliche Genehmigung aus Kisten eine Kirche und kleidete sie teilweise mit Zigaretten- und Schokoladepapier aus. 1968 wurde er zum Priester geweiht. Als der Bau der Olympianlagen begann, sollte Timofey das Gelände verlassen, doch niemand hatte den Mut, ihn zu vertreiben. Und so kann man heute noch seine Kirche besichtigen oder das Gespräch suchen.

Oberbürgermeister Ude gratuliert zum hundertsten Geburtstag.

Der tragische Tod von drei Kindern im Olympiasee 1989 – rund 20 Menschen sahen den Ertrinkenden vom Ufer aus zu und griffen nicht ein – läßt erahnen, wie sehr sich in der „Weltstadt mit Herz“ das soziale Klima seit der Zeit der „heiteren“ Olympischen Sommerspiele 1972 geändert hat. Ein Gedenkstein am Ufer erinnert an die Kinder.

Eng mit dem Oberwiesenfeld verbunden ist auch die Bayerische Motoren Werke AG (BMW). Bereits 1911 waren auf dem Oberwiesenfeld die Flugwerke Deutschland gegründet worden. 1913 übernahm der Flugmotoren- und Fahrradhersteller Rapp das Werk und richtete dort eigene Werkstätten ein. Auf dem nahen Flugfeld konnten neu entwickelte Flugmotoren ausgiebig getestet werden. Die Rapp Motoren GmbH wurde schließlich 1917 in BMW GmbH umbenannt. Bis heute ist das Markenzeichen von BMW ein Kreis mit vier Sektoren in Weiß und Blau: Symbol des rotierenden Flugzeugpropellers. Erst 1951 begann die Automobilproduktion bei BMW in München, unter anderem mit dem Kabinenroller Isetta. Statt Werkstatt-

Das Feuerwerk ist eines der Höhepunkte beim jährlich im August stattfindenden Sommerfest .

Das international besetzte Fischerstechen galt früher als Ritterturnier des armen Mannes.

schuppen spiegelt sich heute das futuristisch wirkende „Vierzylinder-Hochhaus" der BMW-Verwaltung im Würmwasser. Der flache Anbau erinnert an einen Vergaser und beherbergt das BMW-Museum. Die Geschichte des Kraftfahrzeugs wird dort mit raffinierten audiovisuellen Techniken gezeigt.

Schwabinger Kanal und Schwarze Lacke

Der Nymphenburg-Biedersteiner-Kanal verläßt den Olympiapark in einem Betonbett. Parallel zum Petuelring, einem der verkehrsreichsten Straßenzüge Münchens, erreicht der Kanal beim heutigen Freibad Georgenschwaige die Reste einer Schleuse. Die Georgenschwaige war um 1703 noch ein kleines landwirtschaftliches Gut. Etwa seit 1704 strömte Wasser der Würm durch die Schleuse in den von der Münchner Residenz herkommenden Schwabinger Kanal.

Nach dem Olympiagelände fließt der Würmkanal wieder durch Wohngebiete.

Der Schwabinger Kanal (im üblichen Sprachgebrauch „Türkengraben“) war wohl zwischen 1702 und 1704 bis zur Georgenschwaige gegraben worden. Max Emanuel wollte ihn als „nouveau canal de Schleißheim“ von der Georgenschwaige nach Norden bis Schleißheim fortführen: „Ich werde ein beachtliches Werk unternehmen, an dem die ganze Infanterie arbeiten wird. Es ist ein Kanal, der von München direkt zu dem führt, den ich gerade [zwischen Dürnismaning, Schleißheim und Dachau] baue, man wird in gerader Linie von einer Haustür [meiner Residenz in München] zur anderen [meines Schlosses in Schleißheim] gelangen.“ Dem Schwabinger Kanal war aufgrund des nach Nordosten gerichteten Gefälles auf der Münchener Ebene kein langes Überdauern beschieden. Der „nouveau canal de Schleißheim“ kam über erste Planungen erst gar nicht hinaus. Zwar konnte dem Schwabinger Kanal aus dem nördlichen Stadtgrabenbach, von der

Am Würmkanal unter der Belgradstraße hat dieser Obdachlose sein Zuhause gefunden. Sein früherer Unterschlupf fiel dem Isarhochwasser zum Opfer; der Würmkanal bietet mehr Sicherheit.

Der Kanal begleitet den um 1971 ausgebauten Petuelring bis zur Leopoldstraße.

Stadtseite her, Isarwasser zugeleitet werden. Zwischen der Georgenschwaige und der Münchner Residenz mußte der Kanalgraben jedoch acht Meter Geländeanstieg ausgleichen. Es ist daher nicht anzunehmen, daß die gesamte Kanalstrecke über eine längere Zeitspanne mit Wasser gefüllt war. Das gestaute Wasser dürfte aus dem Kanal immer wieder in den durchlässigen Schotteruntergrund gesickert sein. 1811 erfolgte die endgültige Einebnung des Schwabinger Kanals wegen permanenten Wassermangels. Schuld daran war zuletzt auch das Anzapfen des Kanals durch Schwabinger Bauern zur Bewässerung umliegender Wiesen und Gärten.

Der ehemalige Verlauf des Schwabinger Kanals kann vom Freibad Georgenschwaige bis nahe der Münchner Residenz im Straßennetz und an einigen Häusergrundrissen mit ungewöhnlich schrägen Abschlußmauern abgelesen werden. Im Garten der früheren Wirtschaft des Freibads sollen lange noch Reste der Kanaldämme sichtbar gewesen sein. Die Belgradstraße sowie die nur knapp 40 Meter nebeneinander parallell geführten Kurfürstenstraße und Nordendstraße verlaufen nahe an den ehemaligen Kanaldämmen. Im trockenen Graben zwischen der heutigen Karl-Theodor-Straße und dem Scheidplatz hatten sich bereits 1792 Handwerks- und Gewerbetreibende in kleinen Häusern angesiedelt. Die Häuschen sind längst aus dem Stadtbild verschwunden. An die frühere kleinteilige Bebauung am Schwabinger Kanal erinnern noch am ehesten die freistehenden Häuser Belgradstraße 87, 97 und 109.

Im späten 18. Jahrhundert dürfte der Nymphenburg-Biedersteiner-Kanal, die bestehende Bebauung kurvenreich umgehend, von der Georgenschwaige bis zum Schwabinger Bach und dem Auenbachsystem der Isar fortgeführt worden sein. Teilweise nutzt er dabei das trockengefallene Bachbett der „Schwarzen Lacke“. Der fortgeführte Kanal versorgte in Schwa-

In einer Schwabinger Wohnanlage wird der Würmkanal nochmals zu einem See angestaut.

bing lange Zeit das Ungererbad und den Garten von Schloß Biederstein mit Wasser. Schloß Biederstein war aus einem 1723 errichteten Landhaus hervorgegangen, das stark erweitert, 1825–41 Witwensitz von Königin Karoline von Bayern war. Später lebten hier Nachkommen der Herzöge von Bayern, deren Erben das Schloß 1934 abbrechen ließen. Nur noch steinerne und gemauerte Torpfeiler sowie ein Fußgängertor sind vom Schloßbau erhalten geblieben (Biedersteiner Straße 28/32).

Im heutigen Schwabing ist das kanalisierte Würmwasser spielerischer Bestandteil moderner Innenhofgestaltung geworden. Nahe dem Holiday Inn unterquert der Kanal die Leopoldstraße und weitet sich seit 1985 in einer Wohnanlage zwischen der Berliner Straße und dem Ungererbad zum „Schwabinger See". Wasservögel im Schilfrohr sowie ein kleiner Wasserfall und Seerosen sorgen für eine besondere Art von „Kanalromantik". Beim künstlichen See erinnert der Berlin-Brunnen an die ehemals geteilte Stadt an der Spree – und zwar mit Würmwasser. Die Inschrift klärt auf: „Figur der Berolina trennt mit der Hand den aufsteigenden Wasserstrahl und symbolisiert so die über viele Jahre geteilte Stadt." Nahe des Brunnens säumen Fabelwesen den Weg.

Der Kanal durchquert das Ungererbad und fließt entlang der Stengelstraße direkt auf die Gaststätte Brunnwart an der Biedersteiner Straße zu. Die Schleuse beim „Brunnwart" dient seit altersher der Regulierung des Wasserstands im Kanal vor dem Erreichen des Auenbachsystems der Isar. Hinter der Schleuse stürzt das Wasser über Betontreppen hinunter Richtung Schwabinger Bach. Nach dem Unterqueren des Isarrings erreicht das Würmwasser östlich des Anwesens Osterwaldstraße 90 a eine letzte Schleuse mit Wehrbrücke und endlich Isarwasser im Schwabinger Bach.

Blüten und Stahl – Von Pipping nach Allach

Das mittlere Würmtal von Pipping bis Allach ist voller Kontraste: Die verkehrsüberflutete und benzolbelastete Gegend im Münchner Westen nahe der Auffahrt zur Autobahn München-Stuttgart trug noch im 15. Jahrhundert die Bezeichnung „Blütenburg“: Auf den Fundamenten eines älteren Turmes ließ Herzog Albrecht III. das Jagd- und Lustschloß Blutenburg an der Würm errichten. In Verbindung mit der Schloßkapelle strahlt das Wasserschloß an der Würm heute noch den Charme der scheinbar heilen höfischen Welt des späten Mittelalters aus. Nebenan in der Verdistraße staut sich der Großstadtverkehr und in Allach kocht Krauss-Maffei den Stahl.

Pipping, Obermenzing, Untermenzing und Allach, die Siedlungen des mittleren Würmtals, sind trotz der Eingemeindung nach München im Jahre 1938 als ehemals eigenständige Gemeinden erkennbar geblieben. Dazu hat die Würm ihren Teil beigetragen. Bei den meisten Alpenflüssen mit zahlreichen natürlichen Zuläufen führen Gewittergüsse und die Schneeschmelze zu kurzzeitigem Hochwasser und der Zerstörung unbefestigter Brücken. Anders an der Würm: der Ausfluß des Starnberger Sees ist durch die Pufferfunktion des Sees sicher vor Überschwemmungen durch Hochwasser. Die älteren Anwesen in Pipping, Obermenzing, Untermenzing und Allach liegen daher fast ausnahmslos langgestreckt am westlichen oder östlichen Hochterrassenrand des Würmtals, verbunden durch alte Landstraßen zwischen Dachau und Pasing.

Die Orte des mittleren Würmtals sind dennoch nicht sicher vor Überschwemmungen, die durch Treibeis und Grundeis der Würm entstehen können. „Flußkorrektionen“ in den Jahren 1898/1899 und 1901 sollten den Würmtalbewohnern die Angst vor eisbedingten Überschwemmungen nehmen. Damals wurde die Würmaue zwischen Pasing und Karlsfeld von teilweise noch 60 – 80 Meter auf durchschnittlich sieben Meter zurückgedrängt. Bauarbeiter erhöhten die Uferdämme auf einen Meter über Mittelwasser und pflanzten Weiden auf der Auenseite der Dämme. In Untermenzing und Allach wurden Flußbögen durchstochen und begradigt. Die Würmlandschaft hat sich durch diese „Korrektionen“ verändert. Dennoch hieß es zuletzt im Februar 1929 „Allach unter Wasser“.

Der Würmkanal von Karlsfeld nach Schleißheim war im Februar 1929 wegen großer Kälte und seinem geringen Gefälle zugefroren. Antreibendes Eis konnte nicht mehr abgeführt werden. Es kam zum Rückstau durch Eisblöcke vor Brücken und an Stauwehren. Grundeisblöcke und Randeisplatten hoben die Würm schließlich aus ihrem engen Bett. Der Fluß trat aus. Das Naturereignis „Eiskatastrophe“ wurde für Unbeteiligte zur Sensation, für Beteiligte zum finanziellen Aderlaß, das Würmtal jedoch Ziel eines besonderen Sonntagsausflugs: Die Münchner Neuesten Nachrichten meldeten am 18. Februar 1929: „Das Eis- und Überschwemmungsgebiet des Würmtals zwischen Obermenzing und Karlsfeld war am Sonntag das Ziel Tausender, die aus München und Umgebung in ununterbrochenen Reihen ankamen. (...) Die überschwemmten Häuser sind rings in Eis eingeschlossen.“ Unter den Besuchern waren jedoch nicht nur Schaulustige. Zeitweise versuchten bis zu 2400 Menschen, dem Lauf der Würm eine Gasse freizuhalten. Das Abbrennen großer Strohfeuer sollte die Eisbildung vor Brücken und Stauwehren verhindern und die Bauwerke schützen, was nur mit Mühe gelang. Erst am 20. Februar war die Gefahr vorbei. Berge von Eisschollen türmten sich am Ufer der Würm. Die Aufräumarbeiten begannen, der Respekt vor dem Fluß ist seither geblieben.

Pipping und die „Bauernstube des lieben Herrgotts“

Würmabwärts hinter Pasing liegt Pipping, ein ehemals kleiner Weiler mit Bauernanwesen und neuerer Wohnbebauung. Ein Vorgängerbau der Kirche St. Wolfgang scheint kurz nach 1315 erbaut worden zu sein. 1478 mußte der Kirchenbau der bis heute erhaltenen spätgotischen Kirche Platz machen.

Pipping bildete mit einem Teil von Pasing sowie Ober- und Untermenzing die Hofmark Menzing mit Sitz in der Blutenburg.

An der Würmbrücke vor St. Wolfgang kreuzten sich lange Zeit Fußwege von München, Laim, Pasing und Allach mit Wegen von Aubing, Langwied und Lochhausen. Die gute Erreichbarkeit des Ortes an einer Würmbrücke und die Nähe zu den Schlössern Blutenburg und Nymphenburg waren nicht nur von Vorteil: Pipping mußte einen erheblichen Teil seiner Flur für den Ausbau der Schlösser, den Aufbau der Pasinger Villenkolonien und schließlich für die Trasse der Bahnlinie nach Lochhausen abtreten. Pipping blieb ein kleiner Ort, mit zwei Höfen im Jahre 1397 und acht Häusern im Jahre 1874. 1938 erfolgte die Eingemeindung nach München.

Die Kirche St. Wolfgang liegt auf einer kleinen Erhebung am Würmhochufer, bewußt herausgehoben aus der ländlichen Umgebung. Der Bau der überraschend reich ausgestatteten Kirche war eng mit dem Ausbau von Schloß Blutenburg durch Herzog Sigismund verbunden. Sigismund hatte 1467 seinem Bruder Albrecht IV. die Regierung des Teilherzogtums Bayern-München überlassen und sich auf das Jagdschloß Blutenburg zurückgezogen. Albrecht hatte dadurch die Möglichkeit erhalten, die Münchner und Landshuter Linie der Wittelsbacher zusammenzuführen und das Herzogtum Bayern wieder zu vereinen. Das gelang schließlich 1506.

Der Rückzug Sigismunds war nur politischer Art. Als einer der großen Mäzene aus dem Hause Wittelsbach förderte er die Literatur, Musik und Kunst. Der Bau der Münchner Frauenkirche war um 1479 wegen „Erschöpfung der finanziellen Mittel“ ins Stocken geraten. Damals soll Sigismund die Bauhütte der Frauenkirche zur Errichtung von St. Wolfgang nach Pipping gebracht haben. Der Bau wurde wohl 1480 eingeweiht und diente Sigismund bis zur Errichtung der Blutenburger Schloßkapelle acht Jahre später als „Hofkirche“. Gegenüber der höfisch-strengen Feierlichkeit der Schloßkapelle wirkt St. Wolfgang wie die „Bauernstube des lieben Herrgotts“. Die Wandmalereien im Chor des einschiffigen Backsteinbaus und am Triumphbogen stammen vermutlich von Gabriel Mäles-Kircher. Heraldische Motive des Hauses Wittelsbach sowie verschwägerter Herrscherhäuser weisen auf den herzöglichen Förderer Sigismund hin. Das Prunkstück der Kirche aber ist die zierliche Chorkapelle mit Rippengewölben und einem spätgotischen Hochaltar von 1480. Darin wird der Kirchenpatron St. Wolfgang unter einem Lauben-Baldachin mit Vögeln dargestellt.

Die besondere Lage der Kirche St. Wolfgang war bei der Konzeption des Nymphenburger Schloßparks und beim Bau des Nympenburg-Biedersteiner-Kanals nochmals betont worden. Der Kirchturm wurde Point de vue der Hauptsichtachse von Schloß Nymphenburg. Die gerade Führung des Kanals sollte eine ungehinderte Sicht vom Schloß bis zur Würm garantieren.

Schloss Blutenburg - Vom Jagdschloss zum Liebesnest

Wie Pipping lagen auch Obermenzing und das Wasserschloß Blutenburg an einer für den Verkehr zwischen Dachau und Pasing wichtigen Würmbrücke.

Unter dem Herrenhaus des Schlosses fanden Archäologen den Stumpf eines Turmes. Er wird als Teil einer frühen Burganlage, möglicherweise der Herren „de Mencingin“ gedeutet. 1432 bezeichnete eine Urkunde den Adelssitz als „Plüdenberg“ (= Blütenburg). Er war damals im Besitz der Wittelsbacher.

Die „Blütenburg“ bestand ursprünglich nur aus dem Herrenhaus, das nahezu rechtwinklig von einer Wehrmauer und vier Ecktürmen umgeben war. Im 15. Jahrhundert erwarben die Herzöge von

Schloß Blutenburg, das heute die größte Jugendbuchbibliothek der Welt beherbergt.

Bayern neben dem Herrenhaus der „Blütenburg" auch burgnahe Ländereien. „Menzing" war 1508 das einzige Gebiet in Bayern, für das sich der Herzog die niedere Jagd allein vorbehalten hatte. Am fischreichen Wasser der Würm und in den umgebenden Wäldern wurden Fuchs, Hasen, Hühner, Wachtel und Vögel gejagt.

Bis 1435 war das Jagdschloß Blutenburg Treffpunkt und Liebesnest des nachmaligen Herzogs Albrecht III., dem „Liebhaber zarter Frauen" und Agnes Bernauers der „Frau aus dem Volk". Die Verbindung war mit einem Manko behaftet, sie war nicht standesgemäß. 1431 wurde die Ehe geschlossen. Da Agnes Bernauer am Münchner Hof nicht geduldet wurde, traf sich das Paar in der Blutenburg. Die Ehe endete tragisch: 1435 wurde „die Bernauerin" auf Geheiß ihres Schwiegervaters von der Donaubrücke in Straubing in den Tod gestürzt.

Albrecht III. baute das Jagdschloß bis 1439 zu einem Wasserschloß, Landsitz und ökonomisch lebensfähigen Mittelpunkt der Hofmarkherrschaft Menzing aus. Östlich des Hauptbaus entstanden das Äußere Schloß mit Saal- und Wirtschaftsbauten sowie der Pförtnerbau und Torturm. Ein Würmarm wurde damals grabenartig um das Schloß herumgezogen und zum Weiher vergrößert.

Herzog Sigismund schließlich vollendete den Bau des Schloßkomplexes und ließ als Aufwertung ohnegleichen die Schloßkapelle 1488 errichten. Sie ist mit bedeutenden Meisterwerken der Spätgotik höchst kostbar ausgestattet. Verhältnismäßig große Fenster sorgen im saalartigen Innenraum der Kapelle für große Helligkeit. Die tief heruntergezogenen spätgotischen Netzgewölbe erinnern an einen Rittersaal. Große Holzfiguren gliedern die Wände des weißgestrichenen Raums mit Darstellung der zwölf Apostel, Christus und Maria. Sie zählen zu den wichtigsten Werken der Münchner Plastik im Umkreis Erasmus Grassers. Der Künstler ist unbekannt geblieben.

Ein Triumphbogen trennt hoheitsvoll das Kirchschiff vom Altarraum und leitet über zu den Altären Jan Polacks, Hauptwerken der spätgotischen Tafelmalerei im Münchner Raum. Der Hauptaltar zeigt bei geschlossenen Flügeln die Heiligen Bartholomäus und Sigismund sowie die Stifterfigur des Herzogs. Im geöffneten Zustand erscheint auf dem linken Flügel die Taufe Christi, auf dem

rechten die Krönung Mariens. Auf dem Thron finden sich Gestalten der Dreifaltigkeit. Das Mittelbild zeigt den Gnadenstuhl. Auf den Nebenaltären werden Christus als König unter Heiligen und die Verkündigung Mariens dargestellt.

1663 schenkte Kurfüst Ferdinand Maria seiner Gemahlin Henriette Adelaide von Savoyen die Hofmarken Menzing und Kemnaten (Nymphenburg). Das Zentrum des Herrschaft wurde in Nymphenburg errichtet, die Blutenburg vernachlässigt. Die nachfolgende Kurfürstin Therese Kunigunde erhob noch die Blutenburg zum privaten Sitz nahe der Sommerresidenz des Hofes in Nymphenburg. Diese Zusammenhänge verdeutlicht die barocke Sichtachse „Durchblick" zwischen Schloß Nymphenburg und der Blutenburg.

Nach dem Tod der Kurfürstin war die große Zeit der „Blütenburg" jedoch endgültig vorbei. Der Besitz kam an häufig wechselnde Eigentümer, wurde Gaststätte und Ausflugslokal, Schießstätte, Sitz der Englischen Fräulein, Wirtschaftsgut des Dritten Ordens (des Nymphenburger Krankenhauses) und ist seit 1983 Sitz der Internationalen Jugendbibliothek.

Zwischen dem Schloß und Obermenzing, im Bereich der heutigen Straßenunterführung, befand sich lange Zeit das öffentliche „Stockbad" mit Badehütten und Garderobe.

Obermenzing – Dörfliches Ambiente am Rande Münchens

Fundgegenstände aus der Bronzezeit lassen vermuten, daß hier wie an so vielen anderen durchquerbaren Flußstellen der Würm altes Siedelland liegt. Die Bezeichnung Obermenzing entstand zur Unterscheidung von der würmabwärts liegenden Ortschaft Untermenzing. Die erste Erwähnung eines Ortes namens „Menzinga" findet sich nach 782.

Die „Obermühle" in Obermenzing (heute Wirtshaus Schleuse) wurde 1397 in einer Urkunde erwähnt. Von 1441–1676 zählte die Mühle zum Eigen-

Die Kirche St. Georg in Obermenzing.

tum der Hofmark Menzing. Die Ableitung von Würmwasser in den Nymphenburg-Biedersteiner-Kanal entzog der Untermühle nach 1701 einen Teil der benötigten Wasserkraft. Das Ableitungswehr des Nymphenburg-Biedersteiner-Kanal versperrt seither großen Wallern und Hechten bei Hochwasser den Weg vom Starnberger See ins mittlere und untere Würmtal. Das Fischrecht des Obermüllers hatte damals seine Bedeutung verloren.

Die reduzierte Wassermenge der Würm führte zur Stillegung einzelner Mahlgänge, zu Streitigkeiten um Entschädigungsgelder und endlich zur gesamten Stillegung: 1920/21 erfolgte noch die Umgestaltung zur modernen Kunstmühle und der Ausbau zur Bäckerei. 1963 wurde der Betrieb der Mühle und Bäckerei für immer eingestellt.

Erst 1978 zog neues Leben in die Räume der ehemaligen Bäckerei: das Wirtshaus Schleuse wurde eröffnet. Der Grill- und Biergarten des Wirtshauses liegt direkt an der Würm, im „Kapellengarten". Die „Kapelle" des Gartens ist eine 1858 erbaute Ziegelmauernische zwischen Mühlstau, Mühlweiher und Überlauf, in der einst ein überlebensgroßer „Heiland an der Martersäule" stand.

Im Zentrum von Obermenzing steht die mehrfach erweiterte aber im Kern spätromanische Dorfkirche St. Georg. Sie wird von einer früher wohl wehrhaft ausgebauten Friedhofsmauer umgeben. Einige bewirtschaftete Bauernhöfe in der näheren Umgebung und das Garten-Restaurant Weichandhof südlich der Dorfkirche geben Obermenzing ein dörflich angehauchtes Ambiente, das seinen Preis hat.

Der Gasthof „Alter Wirt" ist im Kern eine der letzen erhaltenen Dorfgastwirtschaften im Stadtgebiet Münchens. Ein „Alter Wirt" existierte bereits 1417. Zur Zeit der Errichtung des ersten Wirtsgebäudes führte durch Obermenzing eine Nebenstrecke der für die Entwicklung Münchens im Mittelalter so bedeutsamen Salzstraße.

Beim „Alten Wirt" zechten und nächtigten Händler, Ausflügler sowie fürstliche Jagdgäste, Hofbeamte und Diener des nahen Schlosses Blutenburg. Die Bedeutung des Wirtshauses nahm 1725 schlagartig ab, nachdem der direkte Verkehrsweg von München nach Obermenzing wegen der Ausdehnung des Nymphenburger Schloßparks und der Errichtung der Parkmauer geschlossen wurde.

Seit 1938, dem Jahr der Eröffnung der in Obermenzing beginnenden Autobahn nach Stuttgart, ist der Würmort ungewollt wieder Verkehrsknotenpunkt geworden. Die Eröffnung der Autobahn erfolgte neun Tage nach der Eingemeindung nach München.

Ein Überlaufbecken in Menzing.

Untermenzing und die Inselmühle

Untermenzing wird in Urkunden des 9. Jahrhunderts erwähnt. Am südlichen Ortsrand liegt die Untermenzinger Inselmühle (Pippinger Straße 166), ein Baukomplex mit Hotel, Restaurant und Biergarten, der als „Untermühle" 1445 in einer Urkunde erwähnt wurde. Die Mühle war im Mittelalter ein erbliches Ritterlehen und zählte lange Zeit zum Menzinger Hofmarkbesitz. 1880 erfolgte der Umbau zur Kunstmühle und 1923 die Aufgabe des Mühlbetriebs zugunsten einer bürgerlichen Gaststätte und eines „Familienbades", 1985 erfolgte die Umgestaltung zum Restaurant mit Hotel und Biergarten.

Auf der Würminsel wurde zeitweise ein „Familienbad" betrieben, das schließlich dem reizvoll

An der Von-Kahr-Straße, direkt bei der Würm, befindet sich der Biergarten „Zur Inselmühle".

Die überdachte Holzbrücke verbindet den alten Friedhof bei der Kirche St. Martin mit dem neuen Menzinger Parkfriedhof.

gelegenen Biergarten Platz machen mußte. Der Wasserkraftantrieb der Mühle diente von 1971 – 77 noch zur Herstellung von Stangeneis.

Holzstege über die Würm verbinden den Ortskern um die Dorfkirche St. Martin mit dem neuen Friedhof westlich der Würm. Die Marmorfigur des Brückenheiligen St. Nepomuk beim gedeckten Holzsteg stammt aus dem 18. Jahrhundert und stand bis 1946 in Mittersendling. Die Dorfkirche war um 1499 mit Unterstützung des baufreudigen Herzogs Sigismund errichtet worden, wie zuvor St. Wolfgang in Pipping und die Blutenburger Schloßkapelle. Auf dem Kirchhof finden sich Gräber alteingesessener Untermenzinger Familien.

Noch 1808 gab es nur 32 bewohnte Gebäude im Ort. Untermenzing mußte sich 1938 auch der verordneten Eingemeindung zu München beugen.

Allach – Vom Dorf zum Industriestandort

Bei Allach, dem ehemaligen Dorf am „lichten Wald am Fluß“, geht die karge Münchner Schotterebene in Heideland über. Reste des früher geschlossen von Allach bis in die Aubinger Lohe und Echinger Lohe reichenden Lohwaldgürtels, haben sich im Allacher Forst und in der Angerlohe östlich des Bahnhofs in Allach erhalten: Hainbuchen, Eschen, Kiefern, Eichen, Rotbuche, Ahorn über einer artenreichen Strauch- und Krautschicht.

Die Entdeckung von über 350 bajuwarischen Reihengräbern in der Nähe des heutigen Bahnhofs Allach belegt eine Besiedlung des Würmortes im 7. Jahrhundert. Geistlicher Mittelpunkt der Siedlung ist die Kirche St. Peter und Paul. Der Friedhof ist mehrfach und zuletzt bis zur Würm hin erweitert worden.

Allach.
Der computergesteuerte Rangierbahnhof München-Nord.

Im 19. Jahrhundert wurde Allach zum Straßendorf ausgebaut. Leitlinie der Siedlungserweiterung war die heutige Eversbuschstraße. Südlich der Kirche stehen die meisten älteren Gebäude in einer relativ geschlossenen Reihung mit der Giebelseite zur Eversbuschstraße und bestimmen das einheitliche Erscheinungsbild der ehemaligen Dorfstraße. Westlich des Ortskerns an der Würm liegt der große Baukomplex der Allacher Mühle. Sie dient gegenwärtig der Schloßbrauerei Hohenthann als Depot. Am nördlichen Ortsrand von Allach lädt das Allacher Sommerbad zum Bad an der Würm ein.

Der 1867 aufgenommene Betrieb der Bahnlinie München-Ingolstadt mit einer Bahnstation in Allach hat eine bedeutende Industrieansiedlung ermöglicht und den Ort an der Würm entscheidend verändert. Das Ostufer der Würm wurde unwiederbringlich verbaut und den „Wald an der Aue" muß man lange in Allach suchen, bis man Reste davon im Allacher Forst und in der Angerlohe findet. In Bahnhofsnähe sowie im Norden an der Stadtgrenze zu Karlsfeld bestimmen Industriebauten von Großunternehmen wie Krauss-Maffei, der Maschinenfabrik Augsburg-Nürnberg (MAN), der Motoren- und Turbinen-Union München (MTU), der Nahrungsmittelfabrik Diamalt AG und großdimensionierte neuzeitliche Schienenwege sowie Straßenbauten das Erscheinungsbild von Allach.

Das wohl bekannteste Industrieunternehmen in Allach ist Krauss-Maffei. Die Lokomotiven- und Maschinenfabrik Georg Krauss & Comp. begann um 1900 Grundstücke in Allach zu erwerben. Mit Teilhabern baute Krauss in Nähe des Bahnhofs bis 1908 die Bayerische Stahlgießerei GmbH auf. 1931, während der Weltwirtschaftskrise, fusionierten schießlich die Lokomotiven- und Maschinenfabriken „Krauss & Comp." und „J. A. Maffei". Unter dem Namen Krauss-Maffei bezog das Unternehmen bis 1937 ein später noch vielfach erweitertes Werksgelände nahe der Stahlgießerei. Im Werk Allach produzierte Krauss-Maffei Lokomotiven und Halbketten-Zugmaschinen für die Reichswehr und später für die Wehrmacht. 1942 war bei der „Rüstungsschmiede" Krauss-Maffei der höchste Beschäftigungsstand erreicht: 8849 Mitarbeiter, darunter 3543 dienstverpflichtete Ausländer. Nach dem Krieg konnte die traditionelle Produktion von Lokomotiven über Exportaufträge nach Indien wieder angekurbelt werden. Seit Sommer 1988 werden an der Würm die Triebköpfe für den deutschen Hochgeschwindigkeitszug ICE in Serie gefertigt. Ein Teil der gegenwärtig rund 5000 Mitarbeiter lebt nahe des Unternehmens. Der Produktionsanteil der ehemaligen Rüstungsschmiede im militärischen Bereich ist unter 30% gesunken.

Die Maschinenfabrik Augsburg-Nürnberg (MAN), ein Mischkonzern mit Aktivitäten im Nutzfahrzeugbau, Anlagenbau, Kraftwerkbau und Maschinenbau, war erst 1956 nach Allach gekommen. Die MAN produziert in Allach Dieselmotoren sowie

Für den Bau des Autobahntunnels wurde der sonst frei fließende Fluß in ein enges Betonbett gezwängt.

Für den Allacher-Tunnel wurde die Erde bis 13 m unterhalb des Grundwasserspiegels ausgehoben.

Allein für den Rohbau des 1 030 m langen Tunnels wurden über 260 Millionen Mark ausgegeben.

Schwerfahrzeuge aller Art. Das Firmengelände war von 1938 bis 1944 von der BMW-Flugmotorenbau GmbH zur Herstellung von Flugmotoren für die Luftwaffe genutzt worden. Auch das Betriebsgelände der Motoren- und Turbinen-Union München (MTU) wurde bis in die 60er Jahre von der Flugmotorenabteilung der BMW genutzt. Die MTU ist auf dem Gebiet der Antriebstechnik für Raketen führend.

Zwischen Allach und Karlsfeld versuchen die Stadt München und der Freistaat Bayern seit Mitte der 30er Jahre den Autobahnring A99 um München zu schließen. Als Behelf wurde 1978 der Nordring zwischen dem Autobahnkreuz München-Nord und dem Autobahndreieck Feldmoching fertiggestellt. Über den Verlauf der Trasse von Feldmoching zur Autobahnanschlußstelle Eschenlohe oder Langwied und neuerdings auch Freiham herrscht Uneinigkeit. Als Monument der Unumkehrbarkeit der Entscheidung für die Fertigstellung des Autobahnrings wird gegenwärtig der 1990 begonnene Bau des knapp einen Kilometer langen Allacher Tunnels gesehen. Er steht nahezu fertig, jedoch noch ohne Anschluß im Gelände.

Für die Industrieansiedlung in Allach waren insbesondere am Ende des 19. Jahrhunderts umfangreiche Grundstücksverkäufe ehemals landwirtschaftlich genutzter Äcker und Wiesen erforderlich. Durch die Rodung ausgedehnter Waldareale wurde weiteres Bauland erschlossen. Bauern an der Stadtgrenze Münchens, wie der Hauser Lenz, kamen durch diese Grundstücksverkäufe zu viel Geld und zeigten das auch: Unmittelbar am Würmkanal nach Schleißheim und an der Grenze zwischen Allach und Karlsfeld ließ sich Hauser einen schloßartigen Bau im pompösen neugotischen Baustil des Historismus errichten (Vogelloh 48a).

Das „Hauser Schloß“ von 1899/1900 mit Schloßbau, Kapelle, Stallgebäude, Torhaus und Park wird heute von der Maschinenfabrik Augsburg-Nürnberg (MAN) als Gästehaus genutzt. Der dichte Laubbaumbestand im Park verdeckt von Ostern bis zum Herbst den interessanten Baukomplex und entrückt das „Schloß“ dem Bewußtsein der Bevölkerung wie das Schloß vom Dornröschen im Märchen.

Das „Schloß“ des Millionenbauern Hauser.

Das „Hauser Schloß“ in Allach.

Im Dachauer Moos – Die fast verlorene Landschaft

Das Dachauer Moos entstand Ende der letzten Eiszeit, vor rund 10 000 Jahren. Das Niedermoor entwickelte sich in einer Senke zwischen dem nördlichen Rand der Münchner Schotterebene und dem Dachauer Hügelland. In diesem Gebiet tritt Niederschlags- und Grundwasser aus, das auf der Münchner Schotterebene fast vollständig bis zum Flinz, einer wasserstauenden Schotterunterlage, versickert. Einer Barriere gleich behindert das Sand-Mergel-Ton-Gemisch des Dachauer Hügellandes den weiteren Abfluß in Gefällerichtung. Das Wasser tritt gezwungenermaßen verdunstend an die Oberfläche und speist kleine wasserreiche Bäche, die einen Weg durch das Moos zur Amper gefunden haben. Über der Flinzschicht lagerten sich über einen langen Zeitraum abgestorbene Pflanzenreste ab. Sie bildeten nach und nach eine früher bis zu 5,70 Meter mächtige Torfschicht mit charakteristischen Kalkablagerungen der Wasserverdunstung. Das Dachauer Moos reichte ursprünglich von der Münchner Stadtgrenze bis an die Amper, nach Westen bis Germering und nach Osten bis nach Freising. Das Niedermoor bedeckte eine Fläche von 40 000 Hektar.

Das Dachauer Moos ging fast verloren: Entwässerungsgräben entzogen ihm das aufgestaute Wasser, Kolonisten und Brauereien nahmen den Torf, die Bodendüngung ermöglichte eine Wandlung der Feuchtwiesen zu Ackerland, die Eisenbahn erschloß das Moos und lud Siedler ein, sich im ehemals einsamen Moos dauerhaft niederzulassen. Seit 200 Jahren dringen die moderne Landwirtschaft, Straßen, Wohn- und Gewerbegebiete, Sport- und Erholungsanlagen in den Naturraum ein und verändern ihn. Reste der ursprünglichen Wildnis, der Unzugänglichkeit und der malerischen Poesie der Landschaft zwischen Dachau und München erschließen sich dem Wanderer fast nur noch im Schwarzhölzl bei Karlsfeld, im Graßlfinger Moos, im Neuhimmelreich, im Eschenrieder Moos sowie im Harreis zwischen Gründing und Mitterndorf.

Diese Entwicklung begann im frühen 17. Jahrhundert, als der Würmkanal von Karlsfeld nach Schleißheim gegraben wurde. Er versorgte die Mühlen beim Alten Schloß Schleißheim und später auch das Kanalsystem im Schleißheimer Schloßpark mit Wasser. Er nahm einzelnen Moosbächen das Wasser und trug die ersten Transportkähne mit abgebautem Torf.

Noch um 1800 waren im Moos lediglich schmale Randstreifen nahe römerzeitlicher und mittelalterlicher Handelsstraßen kultiviert gewesen. Der Großteil der Flächen befand sich im Besitz von Hof, Adel oder Kirche. Die Moosgründe waren Jagdrevier, Weide, Streuwiese und in geringem Umfang Mahdwiese. Nur wenige Einzelhöfe wie die alte Rothschwaige, die jüngere Moosschwaige oder die Waldschwaige wurden im menschenleeren Moos bewirtschaftet.

Die systematische Besiedlung und Kultivierung des Dachauer Mooses, erreichte im frühen 19. Jahrhundert mit der Gründung der Moossiedlungen Augustenfeld, Ludwigsfeld und Karlsfeld einen ersten Höhepunkt. Nur wenige Jahrzehnte später war das Dachauer Moos nicht mehr jene unwirtliche Gegend, die es über Jahrhunderte gewesen sein muß. Aus den Städten kamen Maler, denen die prächtige Pflanzen- und Tierwelt, die Weite des Raums und die fast mystischen Nebelstimmungen im Moos märchenhaft und unwirklich erschienen. Wie Worpswede im Teufelsmoor bei Bremen avancierte die Dachauer Künstlerkolonie bald zu einem bedeutenden Künstlerort.

Unmittelbar an der Würm, nur sechs Kilometer vor der Mündung des Flusses in die Amper, hatten die Nationalsozialisten im März 1933 das erste und musterbildende Konzentrationslager ihrer Gewaltherrschaft eröffnet: das „KZ Dachau". In den letzten Kriegstagen setzten SS-Offiziere Marschkolonnen mit 7000 Gefangenen in Gang, damit kein KZ-Häftling „lebendig in die Hände des Feindes" falle. Der Todesmarsch führte durch das Würmtal Richtung Alpen. Die überlebenden Häftlinge wurden von US-Truppen befreit.

Wasser für die „Insel der Glückseligkeit" – Am Würmkanal zum Schleissheimer Schlosspark

Die Würm wird zwischen Allach und Karlsfeld, an der Stadtgrenze Münchens, um die Hauptmasse ihres Wassers gebracht. Ein Wehr lenkt 4-5,5 m^3/s Würmwasser in den Würmkanal, der es dem Schleißheimer Schloßpark zuleitet. Die Würm bleibt

Der Würmkanal, der auf seinem Weg nach Schleißheim auf einer Brücke den Kalterbach überquert.

Der Kanal vor Schloß Schleißheim.

Jedes Wochenende kann man nahe des Würmkanals auf dem Gelände der Ruderregattaanlage Bungee springen.

als ein vergleichsweise kleines Bächlein übrig, das bei Hebertshausen in die Amper mündet.

Zwischen dem Wehr in Karlsfeld und dem Schleißheimer Schloßpark besteht ein Gefälle von 13 Metern. Das Gelände ist nicht eben. In einem Graben überwindet der Kanal die leicht gewölbten, nach Norden auslaufenden Schotterzungen, bis er vor Feldmoching in eine tieferliegende „Schotternaht" abknickt und, teilweise zwischen Dämmen geführt, den Schleißheimer Schloßpark erreicht.

Der Bereich um den Schloßpark war schon früh besiedelt gewesen. Eine Ortschaft namens Slivesheim wurde im Jahre 775 urkundlich erwähnt. Slivesheim entwickelte sich am „Moosrain", einer landschaftlichen Grenze zwischen Schotterfeld und Niedermoor, an der austretendes klares Grundwasser zur Anlage von Fischteichen genutzt werden konnte. Der Ortsname Slivesheim bedeutet „Heim des

Schloß Schleißheim

Sliu". Die Vorzüge der umgebenden Landschaft waren bald erkannt und genutzt worden: Im grasreichen Lohwald und auf der Steppenheide entstanden Weiden und zahlreiche Schwaigen.

Das Alte Schloss und der Würmkanal

Herzog Wilhelm V. erwarb 1597 die Schwaige Schleißheim. Sie sollte sein Alterssitz werden. Unter herzöglicher Regie wurde der Gutshof zum Herrenhof mit mustergültiger Ökonomie ausgebaut. Bald umgab auch ein Kranz kleiner Klausen und Waldkapellen „nach Art der neun Kirchen zu Rom" den Landsitz und gab ihm Züge einer fürstlichen Eremitage.

Der neue Gutshof bestand aus drei großen, symmetrisch aneinander gebauten Wirtschaftshöfen mit Mühlen. Zur Versorgung der Mühlen reichten die vorhandenen Mühlbäche nicht mehr aus. Ab 1601 versorgte ein von Karlsfeld her gegrabener „Treibwasserkanal" den Gutshof mit Wasser der Würm. Zu diesem Zeitpunkt hatte der Herzog auch noch die Schwaigen Kleinschleißheim, Ried sowie Ober- und Unterhochmutting erworben und in einer Hofmark zusammengefaßt. Da Arbeitskräfte für die Güter und Dienstpersonal für Hofjagden fehlten, wurde dem Landgericht Dachau kurzerhand der Ort Feldmoching abgenommen und der Hofmark einverleibt. Die neuen Hofmark-Untertanen waren zu den Hilfsdiensten verpflichtet.

Wilhelms Sohn, Herzog Maximilian I., ließ den Herrenhof am 1616 zu einem Landschloß, dem Alten Schloß, erweitern. Der Gutshof macht bald durch Erfolge in der Rinder- und Pferdezucht von sich reden. Es gab einer Braustätte und eine Käserei. 1624 wurde der Würmkanal ausgebaut.

Schloss Lustheim und das Schleissheimer Kanalsystem

Östlich des Alten Schlosses lag ein ausgedehnter Gartenbereich, in dem 1684-1688 Schloß Lustheim erbaut wurde, ein italienisches Gartencasino mit vorgezogenen Seitenflügeln und Belvedere. Lustheim war das Hochzeitsgeschenk des Kurfürsten Max Emanuel an seine Gemahlin, die habsburgische Kaisertochter Maria Antonia. Um Lustheim gliederten Statuen, Wasserspiele und baumgesäumte Sichtachsen die Gartenanlage. Die Sichtachsen waren auf Kirchtürme der umgebenden Orte Dachau, Schönbrunn, Eching, Garching, Unterföhring und Feldmoching sowie auf den Kalvarienberg am Bergl, die Kapelle in Hochmutting und auf München ausgerichtet.

Im späten 17. Jahrhundert gab es die ersten Pläne, die Gartenanlage um Lustheim zu einem großen Lust- und Hofgarten auszubauen. Wasserspiele, Kaskade, Springbrunnen, Kanäle und Baumhaine sollten Lustheim in barocker Manier mit dem Alten Schloß verbinden. Als Mittelachse des geplanten Barockgartens bot sich die zu Zeiten Wilhelm V. zwischen den Schlössern angelegte Ballspielbahn „Pallmaille" an.

Voraussetzung für die Gartenbaupläne war ein dreiteiliges Kanalsystem, das im wesentlichen heute noch besteht: Von Osten führt der 1689 gegrabene Schleißheimer Kanal Isarwasser an das Schloß Lustheim heran. Die Kanalableitung befindet sich im nördlichen Teil des Englischen Gartens in München, in der Nähe des Aumeister. Wegen des geringen Gefälles zwischen Dirnismaning und dem Schloßpark scheint das Wasser im Kanal fast zu stehen. Ein Teilbereich des Abschnitts war 1927 aufgelassen worden.

Die Ingolstädter Landstraße wird östlich vor Lustheim über eine Hochbrücke geführt, unter der Kanallastschiffe gefahrlos verkehren konnten. Westlich der Brücke ist der Kanal schnurgerade auf Lustheim ausgerichtet. 1690–1691 wurde der von Karlsfeld kommende Treibwasserkanal zum Würmkanal ausgebaut. Der Dachauer-Schleißheimer-Kanal war 1692 fertiggestellt. Darin fließt Wasser des Schleißheimer Kanals und des Würmkanals in Richtung Dachau ab. Auf halber Kanalstrecke strömt ihm Wasser aus den Moosbächen Ascherbach und Gröbenbach entgegen. Insgesamt wechselt das Gefälle im Kanal mehrmals. Aufeinander abgestimmte Schleusen konnten die Fließrichtung des Kanalwassers regeln. Nördlich der Regattaanlage Feldmoching-Oberschleißheim endet der Kanal gegenwärtig abrupt am Kalterbach. Das zum Dachauer „Holzgar-

Neues Schloß Schleißheim

ten" und zur Amper führende Teilstück des Kanals war um 1900 stellenweise aufgelassen worden.

Dank der Wasserzuleitung von Osten, Westen und Südwesten stand Schloß Lustheim bald schon von Wasser umschlossen auf der „Insel der Glückseligkeit". Der kreisrunde Kanal um Lustheim konnte nur mit einem Boot überwunden werden.

Max Emanuel fuhr 1702 auf einem Prunknachen von Schleißheim Richtung Dachau und zurück. Die Fahrt im Dachauer-Schleißheimer-Kanal erfolgte streckenweise gegen das Gefälle. Das Wasser strömte innerhalb der Staubereiche der Schleusen jedoch nach Wunsch in Richtung Dachau oder Schleißheim. Max Emanuel hatte bewiesen, daß ein absolutistischer Fürst das Wasser lenken kann.

Als östliche Begrenzung der Gartenanlage um Lustheim wurde 1695 eine Mauer errichtet. Die kleinen zweigeschossigen Rondellhäuschen (Am Hofgarten 1 – 13, Hochmuttinger Straße 26 – 50) bilden den Kern der Ortschaft Lustheim. Sie mußten im 20. Jahrhundert mehrfach ausgebaut werden, um neuen Ansprüchen gerecht zu werden. Im Schloß Lustheim wird eine bedeutende Sammlung Meißner Porzellans ausgestellt.

Das Neue Schloss

Wenige Jahre nach der Fertigstellung von Schloß Lustheim entstanden Pläne für den Bau eines weiteren Schlosses zwischen Lustheim und dem Alten Schloß. Geplant war die bis dahin gewaltigste wittelsbachische Residenz, ein bayerisches Versailles, ein bayerisches Kaiserschloß. Max Emanuel hoffte, die deutsche Kaiserkrone für seinen Sohn, den spanischen Universalerben Joseph Ferdinand, erringen zu können. Schon vor der Grundsteinlegung des Neuen Schlosses im April 1701 waren auf

dem Schleißheimer Kanal 70 Transportschiffe mit Baumaterial „auf Schleißheim" unterwegs. Ein holländischer Schiffbauer entwarf bereits Gondeln für künftige Lustpartien auf den Kanälen.

Da starb Joseph Ferdinand und Max Emanuel mußte nach der Niederlage vor Höchstadt 1704 nach Paris ins Exil fliehen. Der Bau ruhte bis zur Heimkehr des Kurfürsten 1715. Von dem als riesige Vierflügelanlage konzipierten Schloß war lediglich der Hauptflügel im Rohbau erstellt worden. Von 1719 bis zum Tode Max Emanuels im Jahre 1726 konnte der Hauptflügel in den wichtigsten Teilen fertiggestellt werden. Er wurde als Neues Schloß bezeichnet, das „bayerische Versailles" blieb unvollendet. König Ludwig I. ließ 1848 das Treppenhaus nach den alten Plänen aufbauen. Die Westfassade des Schlosses wurde im klassizistischen Sinn umgestaltet.

Während des Zweiten Weltkriegs erlitt die Schloßanlage schwere Schäden. Erst 1962 waren die umfassenden Restaurierungsarbeiten abgeschlossen. - In einigen Prunkräumen des Neuen Schlosses wird die bedeutende Barockgalerie der Bayerischen Staatsgemäldesammlung ausgestellt.

Der Schleissheimer Schlosspark

Die großangelegte Planung für das Neue Schloß bestimmte die Grundkonzeption des 78 Hektar großen Schleißheimer Schloßparks. Er gilt heute, neben dem Schloßpark von Herrenhausen in Hannover, als einziger nahezu vollständig erhaltener

Südlicher Seitenkanal und Neues Schloß

Schloßpark

Barockgarten Deutschlands. Max Emanuel wollte eine gärtnerisch gestaltete und von Kanälen geordnete Verbindung zwischen Lustheim und dem Neuen Schloß herstellen lassen. Der entscheidende Schritt dazu war die Zusammenführung der auf Schleißheim ausgerichteten Kanäle durch die Verlängerung des Würmkanals bis zum Rondell südlich von Schloß Lustheim. Die Wasserführung war durch Schleusen regelbar.

Bei Lustheim erreicht der Schleißheimer Kanal von Osten her den Schloßpark. Sofort teilt sich die Führung zu einem Halbrund um Schloß Lustheim. Beide Flügel des Halbrunds verlängern sich nach Westen bis zum Alten Schloß und den anschließenden Höfen der ehemaligen Schwaige. Diese Seitenkanäle bilden die Flanken des Gartens. Innerhalb des Halbrunds liegt die kreisrund umflossene Kunstinsel mit Schloß Lustheim. Westlich davon stößt ein Stichkanal gegen das Neue Schloß vor und endet in einer Marmorkaskade vor dem Gartenparterre. Der Stichkanal verläuft auf der ehemaligen Spielbahn „Pallmaille" von Wilhelm V.

Das Kanalsystem im Park setzt sich aus drei parallel in strenger West-Ost-Ausrichtung geführten Kanälen zusammen. Durch eine Vielzahl von Schleusen kann der Wasserumlauf in den Seitenkanälen und um das Schloß Lustheim verändert werden. Wer den Schleißheimer Schloßpark aufmerksam durchwandert, wird beobachten, daß im südlichen Seitenkanal braunes Würmwasser von Schleißheim nach Lustheim, im nördlichen Seitenkanal grün-graues Isarwasser von Lustheim nach Schleißheim fließt.

Der nördliche Seitenkanal endet am Wehr beim Alten Schloß. Vor dem Ablauf im Dachauer-Schleißheimer-Kanal trieb das Wasser das Pumpwerk der Hofgärtnerei an. Die schweren Pumpen

Nördlicher Pavilion

Südlicher Pavilion

setzten Springbrunnen in Gang und sicherten die Trinkwasserversorgung.

Der Schleißheimer Barockgarten entstand ab 1717. Er wurde nach Plänen des französischen Gartenkünstlers Dominique Girard, der gleichzeitig in Nymphenburg tätig war, angelegt. Die Begrenzung des Gartens nach außen bilden Lindenalleen, die beide Seitenkanäle und einige Sichtachsen begleiten. Bereits 1690 waren auf dem Schleißheimer Kanal Linden, Eiben, Eschen, Ahornschößlinge und Hagebutten für Spaliere und Alleen herbeitransportiert worden. Im Inneren bildet der von Lustheim kommende Stichkanal die Mittelachse des Gartens. Er mündet in eine große Kaskade vor dem Gartenparterre des Neuen Schlosses. Das abgesenkte Gartenparterre zeigt geometrisch angeordnete Schmuckbeete, Springbrunnen, Plastiken und Baumreihen aus Kastanien. In der Mitte des Schloßparks konnte 1964, nach den Plänen von 1718, erstmals das große Kreismotiv mit Rasenwegen um einen achtstrahligen Doppelring verwirklicht werden.

Die Gestaltung des Schoßparks erfolgte im Sinne einer „grünen Architektur". Die Raumfluchten waren Bühnen des höfischen Lebens, das strengen architektonischen Regeln folgte. Die Gliederung der Gartenfassade des Neuen Schlosses entspricht der Gliederung der Kaskade am Abschluß des Gartenparterres. Die Boskettzone mit dem Stichkanal liegt exakt zwischen den Parterrezonen des Neuen Schlosses und des Schlosses Lustheim.

Die 1933/34 erbauten Junkers-Hallern, die heute das Depot des Deutschen Museums beherbergen.

Der ehemalige Flugplatz Schleissheim

Das freie Feld südlich des Schloßparks war 1912 vom Herrscherhaus an das Militär verpachtet worden. Für die erste bayerische Fliegerkompanie entstand der königlich bayerische Flugplatz Schleißheim. Die Nähe zur großartigen barocken Schlösseranlage war eine Herausforderung für die Architekten der Flugplatzgebäude. Feinfühlig waren sie im eine maßstäbliche Einordnung von Technik und Kulturdenkmal bemüht. Zurückhaltend aber deutlich übernahmen sie barocke Stilelemente: Fassadengliederungen mit der klassischen Dreiteilung, Mittel- und Seitenrisalite, flache Walmdächer und eigene Sockelzonen.

So entstanden 1912 die Kammandantur mit hölzernen Flugzeughallen, die Flugwarte mit Turm und Aussichtsplattform sowie 1918 die Flugwerft in der damals noch jungen Technik des Eisenbetonbaus. Die Kommandantur gilt als ältestes in Deutschland erhaltenes Flugplatzgebäude und war von Anfang an das Zentrum des Flugplatzes. In der Flugwerft wurden Flugzeuge repariert und eingelagert. Sie wird als Außenstelle des Deutschen Museums München und nationales Luftfahrtzentrum genutzt.

Zwei Jahre nach der Platzeröffnung, 1914, arbeiteten rund 300 Mann auf dem Flugplatz und betreuten 21 Flugzeuge, zumeist Doppeldecker. Vom Flugfeld starteten später Flugschüler der deutschen

Flugplatz Schleißheim und das Luftfahrtmuseum.

Luftwaffe, amerikanische Transportflugzeuge, die Gebirgsdivision der Heeresfliegerstaffel, die Grenzschutzfliegerstaffel-Süd, Luftrettungsdienste und Flugsportgruppen. Piloten wohl aller Verbände dürften im nahen Würmkanal gebadet haben.

Barocke Träume vom „Nordpark"

Nach dem Zweiten Weltkrieg wuchsen Siedlungen in bis dahin unbekanntem Ausmaß in die Heidelandschaft zwischen Oberschleißheim und Feldmoching. Die Intensivierung der landwirtschaftlichen Nutzung hat die ursprünglich kleinteiliger strukturierte landschaftliche Vielfalt verändert. Zuletzt führte der Bau der Olympia-Regattaanlage Feldmoching-Oberschleißheim zu großräumigen Grundwasserabsenkungen und zur Trockenlegung weiter Flächen. Sie wurden teilweise zu Maisäckern umgebrochen.

Die Ausweisung großer Teile der Heidelandschaft als Naturschutzgebiet soll dem Wandel Einhalt gebieten. Sie ist eine überörtlich bedeutsame Erholungslandschaft geworden. Bereits im 19. Jahrhundert war die stille, weite Landschaft des Dachauer Mooses ein Ausflugsgebiet für Wanderer, Naturfreunde und Gaststättenbesucher der Region München. Nach Vorstellungen der Stadt München und nördlich angrenzender Gemeinden soll die gesamte Heidelandschaft von der Würm bis zur Isar zum Erholungsgebiet erklärt werden, zum 2000 Hektar großen „Nordpark". Ein weitmaschiges Rad- und Wanderwegenetz durch die Heideflächen, Moosgebiete und Föhrenwälder ist vorhanden. Zur Wiederbelebung der „Schiffahrt" auf den Kanälen wird die Reaktivierung von Schleusen am Schleißheimer Kanal und am Dachauer-Schleißheimer-Kanal erwogen. Barocke Träume der Gegenwart.

„Kohle der Armen" - Mooskolonisation zwischen Karlsfeld und Augustenfeld

Für den Bau, die Versorgung und die Verschönerung der Schleißheimer Schlösser war das Dachauer Moos durch weitreichende Kanäle erschlossen worden. Mitte des 18. Jahrhunderts begann der Torfabbau im Moos. Auf den Kanälen verkehrten Transportkähne, die Schleißheim, Garching und München mit der „Kohle der Armen" versorgten. Im 19. Jahrhundert schließlich wurde der Niedergang des Dachauer Moos als Urlandschaft unumkehrbar. Mooskolonien drangen in die unwirtliche Gegend vor, der Torfabbau erfolgte in großem Umfang, weite Flächen wurden von der systematischen Entwässerung erfaßt und trockener Boden wurde zu Ackerland umgebrochen.

Hinter der Mooskultivierung und Mooskolonisation steckte ein unerschütterter Fortschrittsglaube: „Oede erscheint dem mit der Eisenbahn von Augsburg nach München eilenden Reisenden der ganze Landstrich, wenn er die mit Stroh gedeckten Häuser, das magere Vieh und die kleinwüchsig gedrückten Gestalten der Moosbauern betrachtet. Dieser Gegend ist eine reiche Zukunft vorbehalten, die immer näher rückt, je schneller ihre Cultivierung erfolgt."

Die bayerischen Kurfürsten förderten die systematische Kultivierung und Besiedlung des Dachauer Moos nach Kräften. 1801 und 1802 wurden die Moossiedlungen Ludwigsfeld, Karlsfeld und Augustenfeld planmäßig angelegt und nach Kindern des Kurfürsten Max IV. Joseph benannt, nach dem Kronprinzen Ludwig (dem späteren König Ludwig I.), nach dem Prinzen Carl und nach Prinzessin Auguste. Durch neue rechtliche Bestimmungen war der Erwerb von privatem Bodeneigentum im Dachauer Moos möglich geworden. Der Adel und die Kirche mußten Rechtsvorbehalte und die einseitige privilegierte Nutzung der Mooslandschaft als Jagdrevier aufgeben.

Die ersten Häuser der Mooskolonie Ludwigsfeld entstanden 1802 auf der Westseite der heutigen Dachauer Straße zwischen Moosach und dem Schwabenbächl. Die Siedlung wuchs zu einem langgestreckten Straßendorf mit 18 Häusern heran. 1877 gab es in Ludwigsfeld dann 39 Gebäude. Die 21 neuen Gebäude waren lediglich Wohnhäuser ohne landwirtschaftliche Nebengebäude. Neu-Ludwigsfeld entstand nach 1950 als Bundessiedlung auf Feldmochinger Flur. Die neueren Siedlungsstraßen lösten sich vom Straßendorf wie Seitenspeichen zur Bahnstrecke München-Ingolstadt.

Die Mooskolonie Karlsfeld entstand 1802 nördlich von Ludwigsfeld, zwischen dem Würmkanal und der Würm, mit zunächst 12 Häusern. Durch die Nähe zur Bahnstrecke München-Ingolstadt nahm die Einwohnerzahl bereits im 19. Jahrhundert zu. Die Industrieansiedlung im nahen Allach verstärkte den Zuzug. Karlsfeld wurde 1939 schließlich selbständige Gemeinde. Die Kolonistenhäuser sind lange schon aus dem Ortsbild verschwunden. Einige eingeschossige Bauernhäuser der 2. Kolonistengeneration finden sich an den Rändern des Straßendorfes Karlsfeld, zwischen dem Würmkanal und der neugotischen Kapelle St. Maria und Josef.

Bedeutend älter als die Mooskolonien Karlsfeld und Augustenfeld ist die Siedlung Rothschwaige. Die heutige Münchner Straße war im Mittelalter ein bedeutender Handelsweg geworden, an dem die Rothschwaige im 15. Jahrhundert als viehwirtschaflich orientierter Betrieb gegründet wurde. Bis um 1900 bestand die Rothschwaige aus einem einzigen Anwesen, den Schwaigbetrieb. Erst allmählich entwickelte sich eine Siedlung um die Schwaige, die schließlich der Gemeinde Karlsfeld angegliedert wurde. Die Verwalter und Besitzer der Rothschwaige zählten immer zu den reichsten Bauernfamilien des Dachauer Hinterlandes.

Der Name Rothschwaige wird mit dem Indersdorfer Probst Johannes Rothuet in Verbindung gebracht. Das Kloster Indersdorf besaß bei der Rothschwaige eine Wegekapelle mit Wald und Grundbesitz, die der Sage nach im frühen 12. Jahrhundert entstanden sein soll: Der jüngere Sohn der Gräfin zu Dachau, Beatrix, hielt sich im Jahr 1127 im großen Wald um Dachau zur Jagd auf. Dabei wurde er nur von seinem Hund begleitet. Mörder überfielen den einsamen Jäger in der Gegend um die Rothschwaige, schlugen ihm die rechte Hand ab und brachten ihn schließlich auf grausame Weise um. Der treue Hund brachte die abgeschlagene Hand seines Herrn im Maul in das Schloß Dachau und legte sie der Gräfin zu Füßen. Daraufhin konnte schnell der Leichnam gefunden werden. Die Wegkapelle entstand zur Erinnerung an den Mord. 1802, im Jahr der Säkularisation, wurde sie abgebrochen. Einige der Ziegelsteine sollen beim Bau der Mooskolonien Karlsfeld und Ludwigsfeld wiederverwendet worden sein.

(nach Gerhard Hanke, 1967)

Zwischen der Rothschwaige und Dachau lag ein weiterer Schwaighof, die Moosschwaige. Die wenigen erhaltenen Gebäude des Betriebs von 1765 gehen im heutigen Siedlungskörper der Stadt Dachau fast unter: Das Haus Jahnstraße 2, jetzt Teil des Ignatz-Taschner-Gymnasiums, war das Wohnhaus des Schwaighofs und das Haus St.-Peter-Straße 1 die „Kleine Moosschwaige".

Am 1. Oktober 1801 verkündete ein kurfürstliches Patent daß im Galgenmoos östlich der Moosschwaige 12 Familien aus dem Bayerischen Wald angesiedelt werden dürften, die Mooskolonie sollte Augustenfeld heißen. Es sollte eine Mustersiedlung werden, und so mußten die Häuser aus Ziegel erbaut werden. Gut die Hälfte der 15 000 benötigten Ziegel lieferte die Ziegelei der Klosterhofmark Indersdorf. Das restliche Baumaterial bezog der Dachauer Landrichter als beauftragter „Bauherr" aus den Ruinen des Münchner Franziskaner- und Kapuzinerklosters, aus anderen in der Gegend abgebrochenen Kirchen, Kapellen und aus dem zerstörten Galgenbau in Dachau. Die Mooskolonie setzte sich aus zwei Straßendörfern zusammen, aus Oberaugustenfeld nahe der alten Landstraße zwischen München und Dachau sowie aus Unteraugustenfeld an der Chaussée von Dachau nach Schleißheim. In nur 216 Tagen wurden 14 Häuser entlang der heutigen Augustenfelder Straße und Schleißheimer Straße erbaut. Sie konnten im Sommer 1802 bezogen werden. Der Name

Galgenmoos erinnert an den Dachauer Galgenplatz, der sich an der Stelle des heutigen Dachauer Bahnhofsvorplatzes befunden haben soll. Die Mooskolonie wurde 1939 Teil der Stadt Dachau.

Die Gebäude der Mooskolonisten waren ebenerdige, eingeschossige Häuser. Jedes Kolonistenhaus verfügte über drei bis vier kleine Wohnräume sowie Stall und Scheune. Im Stall der kleinbäuerlichen Anwesen standen selten mehr als drei Kühe. Die Bausteine wurden von Ziegeleien des Dachauer Landes bezogen. Nach dem Kirchen- und Klostersturm der Säkularisation wartete zudem viel Baumaterial von abgebrochenen Klöstern auf neue Bauherren. Der durchschnittliche Grundbesitz lag damals bei 14 Tagwerk (etwa fünf Hektar). Die Hauptlast der Starthilfe trug der Staat. Er finanzierte den Ankauf von Lebensmitteln und Heu, schaffte Kalk, Eichenstämme, Pflüge und Eggen heran und stellte Arbeitspferde samt Geschirr und Wagen zur Verfügung. Die Mooskolonien entwickelten sich dennoch nur langsam. Der erwirtschaftete Gewinn reichte vielfach trotz Bodenverbesserungen und Düngung nicht aus. Hirsche fraßen die Saat. Im Frühjahr trat wiederholt Wasser aus dem Würmkanal in Felder der Kolonien aus. Zu beneiden waren die Kleinbauern und Torfstecher im Dachauer Moos zu keiner Zeit.

Die Torfhütten der Mooskolonisten prägten lange Zeit das Erscheinungsbild des Dachauer Moos. Nach dem Stechen stapelten die Arbeiter die Torfstücke zu kleinen Türmen, damit das Grundwasser abtropfen konnte. Etwa zwei Wochen später wanderte die „Kohle der Armen" in Torfhütten, wo sie über Monate hinweg trocknete. Wurde Torf im Mai gestochen, so konnte er erst im darauf folgenden Herbst aus der Torfhütte geräumt und verkauft werden.

Die Gründung der Mooskolonien war der Anfang einer systematischen Mooskultivierung. Bei den Schleißheimer Schlössern war 1822 eine landwirtschaftliche Lehranstalt gegründet worden. Die wissenschaftlichen Versuche sollten die Moosbauern unterstützen und wirtschaftliche Dauerexistenzen im Moos ermöglichen. Auf Anraten der Lehranstalt stellten einige Moosbauern ihren Betrieb auf Pferdezucht oder Gartenbau um. Ein ähnliches Ziel hatte die kurz vor 1900 gegründete Moosversuchsanstalt. In der rigorosen Entwässerung des Mooses sahen die Moosforscher damals eine Hauptmöglichkeit, den Ertrag der elend armen Moosbauern zu steigern. Im Ersten Weltkrieg wurden daher ganze Scharen von Kriegsgefangenen zur Kultivierung des „Ödlandes" eingesetzt.

Das Ansehen des Torfs wandelte sich. War Torf ursprünglich nur Ersatz, arbeitsintensiv herzustellende „Kohle der Armen", so wurde er durch den maschinellen Großabbau zum „Schwarzen Gold". Zunächst kauften Münchner und Dachauer Bürger den Torf und heizten damit im Winter ihre Häuser. Dann entdeckten die Brauereien aus München, Freising und Dachau die Torfverfeuerung für ihre Zwecke und bezogen gewaltige Mengen aus dem Dachauer Moos, die mit der neuerrichteten Eisenbahn leichter verschickt werden konnten. Manche Brauerei sicherte sich eigene Torfgelände und baute Schwaigen als Stützpunkte für die Torfgewinnung aus. Erst billige Großimporte richtiger Kohle mit einem ungleich höheren Brennwert ließen die Nachfrage nach Torf sinken. Der Torfabbau ging deutlich zurück. Einige Brauereien versuchten daraufhin, ihre Schwaigen durch Entwässerungen und Bodendüngung auch landwirtschaftlich zu nutzen.

Die Industrialisierung machte nicht halt vor den Mooskolonien. An der Würm in Unteraugustenfeld entstanden 1877 und 1889 zwei Wehre und Werkkanäle mit 198 und 523 Metern Länge für die Pappenfabrik Augustenfeld. Noch heute weisen ein hoher Schornstein und süßlicher Geruch von Holzspänen und Leim den Weg zum „Feinpappenwerk Gebr. Schuster Werk 1 Dachau".

Buidlmaler und rauchende Malweiber – Die Dachauer Künstlerkolonie

Dachau wird in einer auf das Jahr 805 datierten Urkunde erwähnt. Die Anhöhe über der Amper verlockte schon früh zur Ansiedelung und zur Anlage einer Burg. Im späten 12. Jahrhundert erwarb das aufstrebende Haus Wittelsbach die Burg. Die wittelsbachischen Herzöge machten Dachau zum Sitz eines Landgerichts, dessen Zuständigkeit weit in das heutige Münchner Stadtgebiet hineinreichte, bis zur Würmbrücke bei Pasing, bis an den Nymphenburg-Biedersteiner-Kanal in Gern, bis zum Stiglmaierplatz, nach Mittersendling und Schwabing.

Die Entwicklung Dachaus zum regional bedeutsamen Marktort hing mit einer quer durch das Dachauer Moos, Richtung München verlaufenden Landstraße zusammen, von der ein Strang bei der Würmmühle östlich von Dachau die Würm und Amper querte. Im 12./13. Jahrhundert nahm die Bedeutung der Landstraße durch das Dachauer Moos zu, nachdem die alte Salzhandelsstraße nach Augsburg vor München umgeleitet worden war. Die Salzstraße passierte die Isar nicht mehr bei Föhring, sondern bei München und führte von dort Richtung Pasing weiter. Manche Fuhrleute wollten jedoch nach Verlassen des westlichen Stadttores in München wieder auf die alte Salzstraße über Moosach, Allach und die Brücke bei der Würmmühle und wählten den Weg durch das Dachauer Moos. Ein Teil der Landstraße dürfte auf der Trasse der ehemaligen Römerstraße Wels-Föhring-Allach-Augsburg verlaufen.

Im 16. Jahrhundert wurde Schloß Dachau zum bevorzugten Landsitz des Münchner Hofes, bevor die glanzvollen Anlagen in Nymphenburg und Schleißheim entstanden. Die Hochlage mit freiem Blick über das Land bis hin zu den Alpen wurde immer wieder gerühmt. In der zweiten Hälfte des 19. Jahrhunderts erfolgte eine Ausdehnung des Ortes nach Süden über die Amper. Den Anstoß dafür gab vor allem der Bau der Bahnlinie München-Ingolstadt um 1868.

Zu jener Zeit war das Dachauer Moos längst nicht mehr jene unwirtliche Gegend, die es über Jahrhunderte gewesen sein muß. Dennoch erschienen die prächtige Pflanzen- und Tierwelt, die Weite des Raums und die fast mystischen Nebelstimmungen den aus Städten kommenden Malern als märchenhaft und unwirklich. Der Galeriedirektor und spätere Professor für Landschaftsmalerei Johann Georg Dillis aquarellierte bereits 1834 Dachauer Landschaften. Mitte der 50er Jahre griffen befreundete Maler seine Anregungen auf und zogen immer häufiger ins Dachauer Moos zum Malen. Nach 1880 fanden sich Holzschneider, Bildhauer, Graphiker und Portraitmaler ein, die in Dachau seßhaft wurden. Neben Worpswede im Teufelsmoor bei Bremen avancierte die Dachauer Künstlerkolonie zur bedeutendsten in Deutschland.

Während die Mehrzahl der Künstler in bescheidenen Verhältnissen lebte, konnte sich eine Reihe von ihnen eigene Atelierhäuser leisten und Schüler um sich sammeln. Zwischen dem Gröbenbach, der Münchner Straße und der (heutigen) Johann-Pflügler-Straße entstand die Künstlerkolonie Dachau. Der Bauunternehmer Georg Ludewig hatte 1898 begonnen sie aufzubauen. Er erwarb Grund direkt am malerischen Moos, nahe der „uralten nach München ziehenden Straße“. In rascher Folge ließen sich die Maler Erich Otto Engel, Max von Seydewitz, Kurt Grevel, August Pfaltz, Hugo Hatzler und Carl Thiemann in eigenen Künstlervillen nieder.

So mischte sich unter die Bauern und Handwerker des damals noch verschlafenen Marktes ein buntes Völkchen mit so manchem verschrobenen, weltentrückten Sonderling, der um Mitternacht spiritistische Sitzungen abhielt oder mit Staffelei und Malzeug tagelang die Mooslandschaft durchstreifte. Wohl am ungewöhnlichsten waren die „Malweiber“, die nicht selten mit breiten und federgeschmückten Hüten sowie einer Zigarre oder Pfeife im Mund durch das Moos stapften.

Der Maler Artur Rößler beschrieb seine Empfindung 1905 wie folgt: „Während der Fahrt von München nach Dachau kann man beobachten, wie bereits nach der ersten Bahnstation Allach der Erdboden, der bisher brotbraun gefärbt war, mit einem reichen Durchschuß von hellen Kieselsteinen, tiefer tonig wird, bis er in der Nähe Dachaus gänzlich in das tiefe Dunkel des Torfs übergeht. Hell, silbrig spiegelnd, schlängeln sich die Wasser der engen Kanäle durch das Moor. (...) Da und dort ragt aus der Ebene ein einzelnes Gehöft oder ein niedrig an den Boden geducktes Dorf mit weißblinkendem Kirchturm (...). Wie ein Traumgebilde ragt die Stadt Dachau an Frühlings-, Herbst- und sommerlichen Morgentagen auf ihrem schroffen Hügel über die unten im Moor brauenden Nebel.“

Die Glanzzeit der Künstlerkolonie südlich von Dachau währte von 1880 bis zum Ausbruch des

KZ-Gedenkstätte Dachau

Ersten Weltkriegs. Als der Erste Weltkrieg ausbrach, endete der Traum vom ungestörten Künstleridyll. Arbeiter, die in der Pulver- und Munitionsfabrik Prittlbach bei Dachau gebraucht wurden, drängten in den Ort an der Amper. Nahe der Künstlerkolonie entstand die „Heimgartensiedlung am Göbenbach" und schließlich der Stadtteil Dachau-Süd. Nach dem Krieg wurden viele Ateliers und Malschulen der Künstler nicht mehr fortgeführt. Eine Ära war zu Ende gegangen.

Die KZ-Gedenkstätte und der Todesmarsch durch das Würmtal

Am östlichen Ortsrand von Dachau, in der Gemarkung des 1939 eingemeindeten Ortsteils Prittlbach, durchquert die Würm die KZ-Gedenkstätte Dachau. Knapp zwei Kilometer weiter östlich mündet der Fluß in die Amper.

Das Konzentrationslager Dachau war am Abend des 21. März 1933 von Nationalsozialisten, unter Aufsicht der bayerischen Landespolizei eröffnet worden. Dachau und das benachbarte Prittlbach waren damals Notstandsgebiet. Die Arbeitslosenzahlen lagen in diesen Orten weit über dem Reichsdurchschnitt. Aufgrund des Versailler Vertrags war die Pulver- und Munitionsfabrik Prittlbach, der bei weitem wichtigste Industriebetrieb bei Dachau nach dem Ersten Weltkrieg geschlossen worden. Nach Jahren des Verfalls schienen das Gelände und die Gebäude der Munitionsfabrik im Moos vor der Stadt für die Errichtung des ersten Konzentrationslagers der nationalsozialistischen Gewaltherrschaft geeignet zu sein.

Bereits im April 1933 begann die politische Hilfspolizei SS die Herrschaft über das Sonderlager für inhaftierte Funktionäre, die „die Sicherheit des

Ministerpräsident Stoiber überquert am Gedenktag zur Befreiung des KZ vor 50 Jahren die Brücke über die Würm zum Krematorium.

Staates" gefährdeten, zu übernehmen. In den Jahren 1937 und 1938 mußten Gefangene des „Schutzhaftlagers" selbst Hand anlegen und ein „Musterlager" errichten, das Vorbild für andere Konzentrationslager wurde. Es bestand aus 34 Baracken zu jeweils 100 x 10 Meter Grundfläche. An der Westseite des „Appellplatzes", am einzigen Lagerzugang, entstand das Jourhaus, ein Verwaltungs- und Wachgebäude der Lagerleitung. Das Eisengitter des Tors versah die SS mit der zynischen Aufschrift „Arbeit macht frei". Unmittelbar vor dem Tor fließt die Würm. Westlich der Würm ließ die SS 1940 ein Krematorium mit vier Verbrennungsöfen errichten. Im Krematorium wurden Häftlinge, die im Lager starben und Opfer von Massenerschießungen verbrannt. Die Gaskammer war als „Brausebad" getarnt. Aus unbekannten Gründen hatte die Lagerleitung die Gaskammer nicht in Betrieb genommen.

Westlich des Konzentrationslagers baute die SS in der Gemarkung der ehemaligen Gemeinde Etzenhausen ein großes Ausbildungszentrum auf. Das Übungslager zur ideologischen und soldatischen Ausbildung der SS-Mannschaftsgarde sowie die Führerschule des SS-Wirtschafts-Verwaltungsdienstes mit Kasernen und Wohnanlagen übertraf bald die Ausdehnung des Konzentrationslagers. Die Einrichtung eines eigenen SS-Wirtschaftsbetriebs machte Hoffnungen auf einen wirtschaftlichen Aufschwung in Dachau zunichte. Aus angebauten und angelieferten Gewürzpflanzen wurden in der Gewürzmühle Prittlbach Heil- und Gewürzkräuter hergestellt und an die Wehrmacht ausgeliefert.

Das Konzentrationslager war für 5000 Insassen geplant gewesen. Seit 1943 waren jedoch nie weniger als 12000 Häftlinge in „Dachau" eingesperrt. Den Tag der Befreiung durch amerikanische Soldaten erlebten im Dachauer Hauptlager 32335 Gefangene. Es war der 29. April 1945. In den 12 Jahren seines Bestehens wurden im KZ Dachau und allen seinen Außenlagern 206206 Häftlinge registriert. Der Tod von 31951 Gefangenen ist nachgewiesen, die Zahl der nicht amtlich belegten Morde ungeklärt.

Zur Erinnerung an die Opfer des Nationalsozialismus wurde im Krematoriumsgebäude des Lagers 1960 ein provisorisches Museum eröffnet. Die KZ-Gedenkstätte gegenwärtiger Prägung entstand im Mai 1965. Ein nie verstummender Zeuge der nationalsozialistischen Schreckensherrschaft ist die kleinste der drei Glocken im Glockenstuhl der Blut-Christi-Kirche. Sie stammt aus dem Münchner Gefängnis Stadelheim. Ihr Totengeläut begleitete dort Menschen zur politisch befohlenen Hinrichtung.

In den letzten Kriegstagen, am 26./27. April 1945, setzten SS-Offiziere fünf Kolonnen mit 7000 Gefangenen aus Dachau Richtung Alpen in Marsch. Kein KZ-Häftling sollte „lebendig in die Hände des Feindes" fallen. Unter den Gefangenen waren überwiegend Russen, dann auch Reichsdeutsche und Juden. Die Zahl der vorwärts getriebenen und gequälten Menschen wuchs weiter an, durch Gefangene aus Nebenlagern und durch zum Bahnhof Pasing verschickte Menschentransporte. Ein „Todesmarsch" führte von Dachau durch das Würmtal: „Ein langer, langer Elendszug von ausgehungerten, ausgemergelten Menschen, begleitet von schwerbewaffneter SS und wütendem Gebell scharfer, auf Menschen dressierter Hunde." Die Zahl der Marschopfer ist ungewiß. Kaum belegbare Schätzungen liegen bei 3000 Menschenleben. Am 2. Mai 1945 konnten die letzten Häftlinge von US-Truppen befreit werden.

Zur Mahnung und Erinnerung an die Todesmärsche aus dem Lager Dachau und anderen Konzentrationslagern wurde 1989 in Gauting das erste Mahnmal des Bildhauers Hubertus von Pilgrim mit der

In mehreren Gemeinden, an denen der Todesmarsch vorbeiführte, wurden Mahnmale des Bildhauers Hubertus von Pilgrim errichtet.

KZ-Gedenkstätte Dachau, Mahnmal.

Darstellung einer Reihe gebeugter und gedemütigter Gestalten errichtet. Das Mahnmal wurde Teil eines Wegstreckendenkmals von Dachau entlang der Würm bis zum Ort der Befreiung. Gleich einer Kette der Erinnerung an den Leidensweg der geschundenen Menschen entlang der Würm ins Ungewisse stehen gleichartige Bronzeplastiken nun in Allach, Pasing, Planegg, Krailling und Gauting sowie anderen Orten Bayerns und in der Jerusalemer Holocaust-Gedenkstätte Yad Vashem. Die Stadt Starnberg stellte in Petersbrunn bei Leutstetten einen eigenen Gedenkstein auf.

Ein letztes Mal wird die Kraft der Würm genutzt, bevor sie in die Amper fließt.

Kurz bevor die Würm in die Amper mündet, wird die Landschaft idylisch, wie im Mühlthal.

Die Würmmühle bei der Amper

Knapp einen Kilometer vor der Mündung der Würm in die Amper, am Ende der 35 Kilometer langen Flußstrecke, liegen die Turbinen der Würmmühle im Wasser der Würm. Vor der Mühle wird die Würm durch den Gröbenbach verstärkt, um mehr Druck an den Turbinen zu erzeugen. Das Alter der Würmmühle ist sehr hoch, gleichwohl stammt die erste urkundliche Erwähnung erst von 1330. Im 18. Jahrhundert war sie als Mahlmühle und Sägewerk in Betrieb. Als Würmmüller ist der 1727 verstorbene Erasmus Reismüller überliefert. Südlich der Würmmühle steht eine kleine Feldkapelle des 17. Jahrhunderts malerisch und einsam auf einem Hügel. Eine Tafel berichtet von Schändungen 1970 und 1973.

Keine 400 Meter nördlich der Würmmühle fließt bereits die Amper. Im Mündungsgebiet zwischen Würm und Amper lag schon zur Zeit der Römer ein wichtiger Flußübergang. Reisende auf der Römerstraße zwischen Augsburg und Wels konnten dort Würm und Amper gleichermaßen gut überqueren. Trotz des hohen Alters wird der Flußübergang erst zwischen 957/995 in einer Urkun-

de erwähnt. Die Brückenbenützung war kostenpflichtig.

Einige Spuren im Gelände zwischen Würm und Amper lassen vermuten, daß im Mündungsgebiet eine Floßlände lag, die mit dem Flößereibetreib auf der Amper in Zusammenhang stand. Der letzte Flußkilometer der Würm führt in leichten Windungen an Pappeln und Weiden vorbei zur Amper. Ein Kraftwerk der Isar-Amperwerke zeigt das Ende der Würm und die Vermischung von Amperwasser mit Würmwasser an.

Die Flußreise ist zu Ende. Viele Geschichten wurden erzählt, viel Geschichtliches angedeutet. Was bleibt, ist die Hoffnung, daß die Texte und Bilder dazu eingeladen haben, mit der persönlichen Entdeckung der Geschichten an der Würm und ihren Kanälen zu beginnen, zu Fuß und mit dem Rad.

Der verstorbene Gautinger Heimatforscher Ernst Brändle hat 1987 eine Auffassung formuliert, die sich mit dem Anliegen dieses Bildbandes deckt:

„Unser Heimatboden speziell um Gauting, Starnberg, links und rechts der Würm und die eisen- und bronzezeitlichen Gräberfelder bei Mühlthal, ist archäologisch nicht weniger spannend als Schliemanns antikes Troja und Howard Carters und Lord Carnavons aufgefundenes Königsgrab des Tut-Ench-Amun. Auch wenn die Funde nicht mit denen Trojas und Ägyptens im Sinne des Wertes vergleichbar sind, wir lesen aus den Spuren unserer vor- und frühgeschichtlichen Grablegungen und Siedelplätze viel von dem, wie unsere Vorfahren einst lebten. Dieses Wissen und die auch aus dem Boden gehobenen Erkenntnisse zählen und erzählen."

Die Würm mündet nach 35 km Flußstrecke in die Amper.

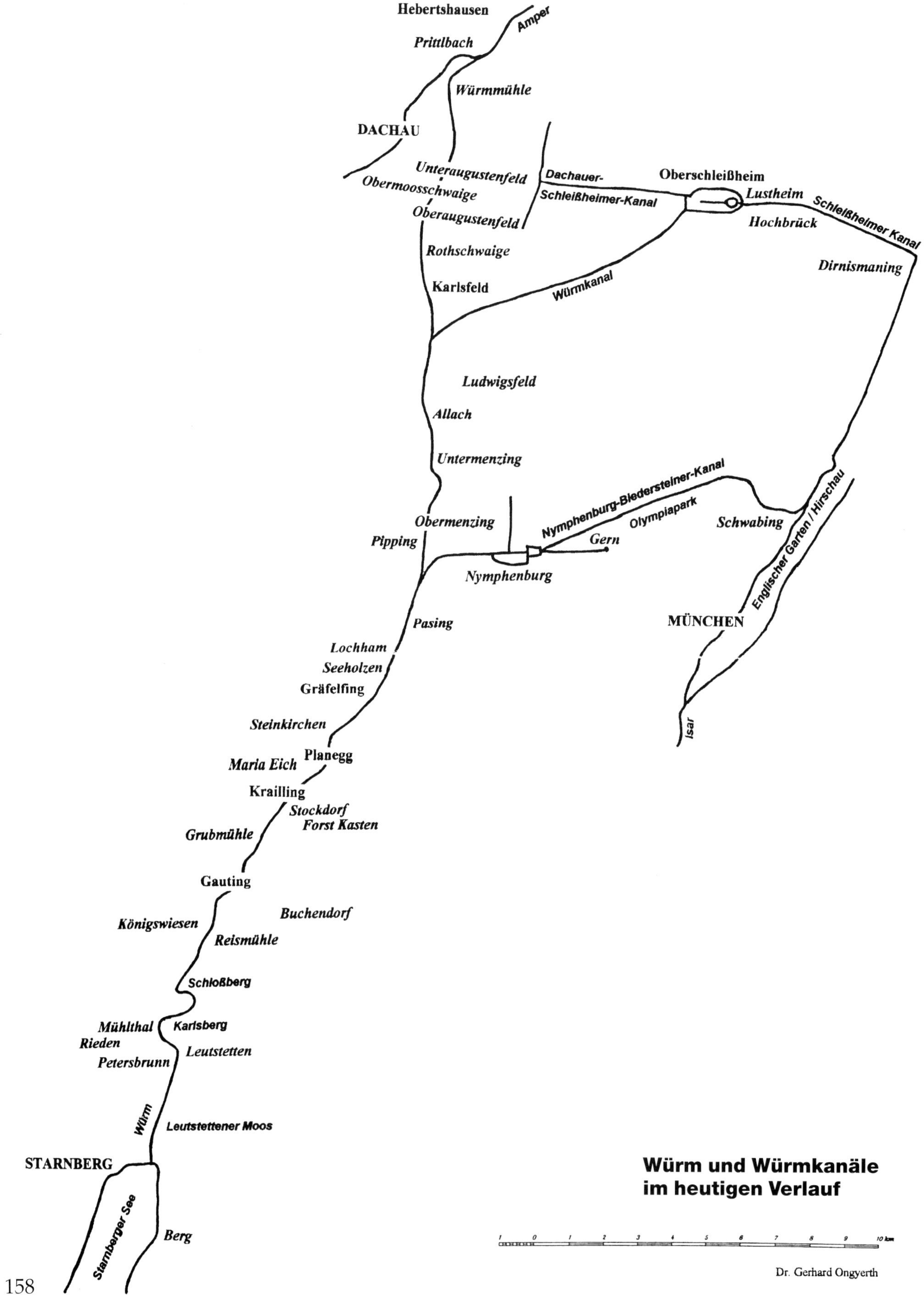

Würm und Würmkanäle im heutigen Verlauf

Dr. Gerhard Ongyerth

Rad- und Wandertouren an der Würm

Entdecken Sie die Würm zu Fuß und mit dem Rad. Sechs Touren führen Sie entlang der 35 km langen Strecke, wobei jede Erkundungsfahrt Ihnen nicht nur die Schönheit dieser reizvollen Flußlandschaft nahe bringt, sondern Sie auch Wissenswertes über 12 000 Jahre Erd- und Kulturgeschichte erfahren.

Die Erkundungen beginnen meist an einem S-Bahnhof und sind in drei bis fünf Stunden zu bewältigen. Gemütliche Gaststätten entlang der Routen laden zum Einkehren ein.

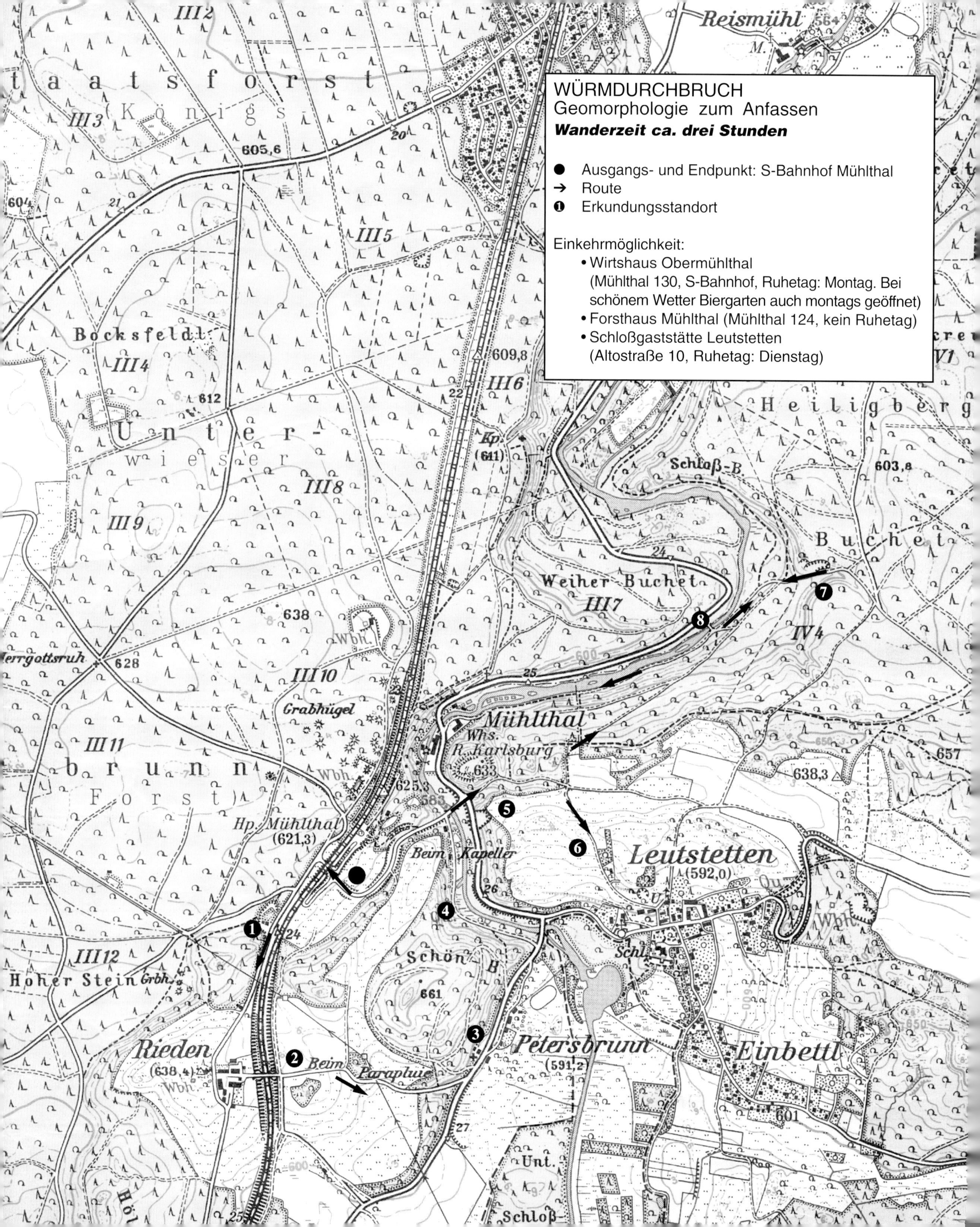
WÜRMDURCHBRUCH
Geomorphologie zum Anfassen
Wanderzeit ca. drei Stunden
● Ausgangs- und Endpunkt: S-Bahnhof Mühlthal
➔ Route
❶ Erkundungsstandort
Einkehrmöglichkeit:
• Wirtshaus Obermühlthal (Mühlthal 130, S-Bahnhof, Ruhetag: Montag. Bei schönem Wetter Biergarten auch montags geöffnet)
• Forsthaus Mühlthal (Mühlthal 124, kein Ruhetag)
• Schloßgaststätte Leutstetten (Altostraße 10, Ruhetag: Dienstag)
Reismühl
taatsforst
(Königs-
Bocksfeldl
Unter-
wieser
Heiligberg
Schloß-B.
Buchet
Weiher Buchet
Mühlthal
Whs.
R. Karlsburg
Grabhügel
brunn
Forst
Hp. Mühlthal
(621,3)
Beim Kapeller
Leutstetten
(592,0)
Schön B.
Hoher Stein
Rieden
(638,4)
Beim Paraplue
Petersbrunn
(591,2)
Einbettl
Unt.
Schloß-

WÜRMDURCHBRUCH
Geomorphologie zum Anfassen

Ausgangs-/Endpunkt: S-Bahnhof Mühlthal

Die Geomorphologie beschäftigt sich mit Gestalt, Anordnung und Entwicklung oberflächennaher Reliefformen der Erde. Um 1900 konnten im Erkennen regelmäßiger Muster und zeitlicher Schichten der eis- und nacheiszeitlichen Oberflächenformen bedeutende Fortschritte erzielt werden. Sie werden mit der Forscherpersönlichkeit Albrecht Penck und dem Würmtal in Verbindung gebracht. Penck entdeckte bei Arbeiten für das Kartenwerk „Geologie in Bayern“ zwischen 1881 und 1898, daß mindestens vier Eiszeiten mit Vorlandvergletscherungen in einer zeitlichen Abfolge zueinander gestanden waren. Die Anregung Pencks, die letzte Vorlandvergletscherung – sie endete vor rund 10 000 Jahren – mit ihren hierfür typischen eiszeitlichen Formen und Ablagerungen nach der Würm zu nennen, wurde weltweit akzeptiert. Eine der Schlüsselstellen für die Erforschung der Eiszeitgliederung lag zwischen dem Bahnhof Mühlthal und Gut Rieden.

(Route: Richtung Golfclub Leutstetten)

Zur Erforschung der Eiszeitgliederung

Standort 1: ehemalige Kiesgrube

Albrecht Penck 1909: „Im Würmthale unweit der Eisenbahnstation Mühlthal (...) legt eine Kiesgrube wenig südlich vom Bahnhofe auf der Höhe Niederterrassenschotter, nämlich lockeres grobes Geröll bloß, unter welchem etwas festeres, dem Hochterrassenschotter entsprechend, auftritt. An der Grenze beider sahen wir 1884 die unteren Spitzen von lehmigen Verwitterungszapfen, welche anzeigen, dass hier eine mächtige Lage von Verwitterungslehm der Erosion zum Opfer gefallen ist. Das festere Geröll setzt sich rechts und links der Bahn fort und ist in den Einschnitten bloßgelegt, so auch am Bahnhof Mühlthal, wo es gekritzte Geschiebe enthält.“

Interpretation: Die durch Gletschertransport rundlich geschliffenen Schotter wurden im Umfeld der Kiesgrube in drei Schichten abgelagert, deren Aufbau auf zwei Eiszeiten und eine Zwischeneiszeit schließen läßt. Auf verfestigte Schotter der Rißeiszeit wurde nach einer Warmperiode erneut sandiger Kies aufgeschüttet, den Gletscher zur Würmeiszeit ins Alpenvorland geschoben hatten. Die Schotter setzen sich aus einer Vielzahl alpiner Gesteine zusammen, wie Quarze, Gneis oder Granit.

Beim Bau der Bahntrasse um 1854 mußten die Schotterberge angegraben werden, so daß an den Trasseneinschnitten insbesondere der verfestigte rißeiszeitliche Schotter zu Tage trat. Eismassen waren an dem Schotter vorbeigezogen und hatten horizontale Kratzspuren, „gekritzte Geschiebe“, hinterlassen.

(Route: Durch die Golfanlage Richtung TEE 1)

Das Modell der „glazialen Serie“

Standort 2: Sitzbank östlich der Bahnbrücke bei Gut Rieden

Zur zusammenhängenden Erklärung der Oberflächenformen der verschiedenen Eiszeiten entwickelte Penck das Modell der „glazialen Serie“ (das sich sehr gut im Naturraum zwischen Rieden, Leutstetten, Mühlthal und Gauting veranschaulichen läßt). Eine glaziale Serie umfaßt das Zungenbecken als ehemalige Schmelzwasserwanne des Gletschers (= Leutstettener Moos und Starnberger See), von späteren Gletschervorstößen überfahrene Alt- oder Grundmoränen (zwischen Leutstetten und dem Starnberger See), am Stillstandsrand des letzten Gletschervorstoßes hohe bogenförmig verlaufende Jungmoränenwälle (das „Leutstettener Amphitheater“ mit Schmelzwasserrinne), dahinter liegende verflachte und verfestigte Altmoränenwälle (erkennbar in der eben erkundeten Kiesgrube sowie zwischen Leutstetten und Buchendorf) und nacheiszeitliche Schotterfelder, in die sich Schmelzwasser nach Überwinden der Endmoränenwälle eingesenkt und Talbildungen eingeleitetet hatten.
Vom Standort lassen sich Elemente der glazialen Serie im oberen Würmtal erkennen: Rieden liegt auf dem äußeren von zwei Endmoränenwällen der Würmeiszeit, der jenseits des Würmdurchbruchs bei Mühlthal seine Fortsetzung am Karlsberg nimmt. Der Schönberg gehört zum inneren Endmoränenwall, der sich nördlich von Leutstetten fortsetzt. Zwischen den Endmoränenwällen hatte Schmelzwasser eine Rinne gebildet.

(Route: Durch die Golfanlage Richtung TEE 3 und 4)

Würmdurchbruch und Quellaustritte

Standort 3: Kapelle St. Peter in Petersbrunn (Achtung Autoverkehr !)

Unter der Schubkraft der Schmelzwasser gaben die Endmoränen vor rund 10 000 Jahren bei Mühlthal in Gefällerichtung nach. Die Urwürm ergoß sich in das Altmoränengebiet um Gauting. Bereits vor der Durchbruchstelle der Würm, dem Mühlthal, grub sich die Würm tief in ältere Schotterschichten bis zu wasserführenden Schichten ein. Der Mensch wußte diese Quellaustritte zu nutzen: In Petersbrunn befand sich von 1513 bis etwa 1875 das Wildbad Petersbrunn, dessen „indifferentes alkalisches Wässerchen" gut zur Behandlung von Augen- und Hautleiden war. Die Quellfassung befindet sich zum Schutz des Baudenkmals seit 1988 außerhalb der Kapelle.

Standort 4: Quellen am Schönbergweg

Am unbefestigten Fußweg um den Schönberg treten einige Quellen direkt, andere in Quellfassungen aus. Seit 1892 wird hier ein Teil des Trinkwassers der Würmtalgemeinden gefördert. Die Quellaustritte markieren den unteren Rand der eiszeitlichen Schotterungen.

Tiefenerosion im Mühlthal

Standort 5: ehemalige Kiesgrube beim Fußweg nach Leutstetten (Achtung Autoverkehr !)

Im Bereich von Gauting bildete die Urwürm vor rund 10 000 Jahren ein rund 1,5 km breites Flußbett aus. Im Mühlthal mußte sich der Schmelzwasserstrom noch durch ein rund 100 Meter breites Flußbett pressen. Das hatte eine starke Tiefenerosion zur Folge. Rund 50 Meter senkte sich die Urwürm in die Schotterschichten verschiedener Eiszeiten ein, legte wasserstauende Mergelschichten unter den Schottern frei und begann – wie bei der aufgelassenen Kiesgrube mit einiger Übung erkennbar – sogar voreiszeitliche Ablagerungen freizulegen: grüngrau bis graugelb glänzende Mergelmolasse oder Flinz.

Endmoränenwälle und das „Leutstettener Amphitheater"

Standort 6: Fußweg zwischen Karlsberg und Leutstetten

Am Ende der Würmeiszeit stand das Schmelzwasser rund 20 Meter über der heutigen Oberfläche des Starnberger Sees und reichte bis nach Leutstetten hinauf. Hinter Leutstetten endete der letzte Gletschervorstoß der Würmeiszeit und hinterließ zwei hoch aufragende Endmoränenwälle mit einer dazwischen liegenden Schmelzwasserrinne. Die Spitzen der Wälle zeichnen sich deutlich im Gelände ab. Die Aussicht geht von ihnen bis zum Wetterstein- sowie Karwendel-Gebirge, Quellgebieten der Vorlandgletscher.
Das Leutstettener Moos entstand als Verlandungsmoor ebenfalls am Ende der letzten Eiszeit. Gesteinsmaterial aus dem Maisinger Bach und Lüß-Bach „schnürte" die Wasserfläche vom Starnberger See ab und begünstigte die Abdichtung der abflußlosen Senke. Aus Zerfallsprodukten abgestorbener Pflanzen bildete sich eine Torfschicht. 1985 wurde das Moos zum Naturschutzgebiet erklärt.
Auf dem Weg zum Weiher-Buchet wird die Schmelzwasserrinne durchquert. Hier finden sich Relikte des Eiszerfalls, wie Toteislöcher, feuchte Mulden oder kleine Hangmoore.
(Route: Fußweg auf der Hochterrasse. 200 m nördlich der „Pionierbrücke" nach rechts zur Kiesgrube.)

Altmoränengebiet

Standort 7: ehemalige Kiesgrube nahe der „Pionierbrücke"

Die ehemalige Kiesgrube zeigt im „Gesteinsaufschluß" keine Überdeckung mit lockerem Kies. Die würmeiszeitlichen Schotter wurden also nur bis zu den Endmoränen zwischen Rieden und Leutstetten transportiert. Dennoch türmen sich die rißeiszeitlichen Schotter auch ohne Überdeckung zu Bergen auf, bevor sie allmählich nach Norden zu verflachen und in die Münchner Schotterebene auslaufen.

Talbildung mit Gleit- und Prallhängen

Standort 8: „Pionierbrücke" im Weiher-Buchet

Nach dem Durchbruch der Endmoränenwälle zwischen Rieden und Leutstetten hatte sich die Würm tief in die Schotterfelder des Altmoränengebiets eingesenkt und einen cañonartigen Talabschnitt entstehen lassen. Im Laufe der Tiefen- und Seitenerosion wurden Uferbereiche unterschnitten – es entstanden steile Prallhänge –, an anderen wurde losgelöstes Gesteinsmaterial abgelagert – es entstanden flache Gleithänge, zahlreiche Würminseln sowie strömungsarme „Weiher".
Der Buchenmischwald westlich der „Pionierbrücke" steht auf einem mehrfach in Terrassen unterteilten Gleithang. Die Terrassen dokumentieren den schubweisen Rückgang der Gletscher-Schmelzwasser der Würm. Nördlich und südlich ragen nacheiszeitlich geprägte Prallhänge auf, der Schloßberg und Karlsberg.
Beim Anstieg von der „Kapellerbrücke" zum S-Bahnhof können seitlich der Straße anstehende Teile der verfestigten Rißmoräne gesehen werden. Sie wurden durch den Druck des darüberliegenden würmeiszeitlichen Schotter zu Naturbeton „verbacken" und stellen unter der Sammelbezeichnung Nagelfluh (= nagelkopfartiges Gestein) Baumaterial dar.

Das Idealmodell einer »glazialen Serie« übertragen auf das obere Würmtal

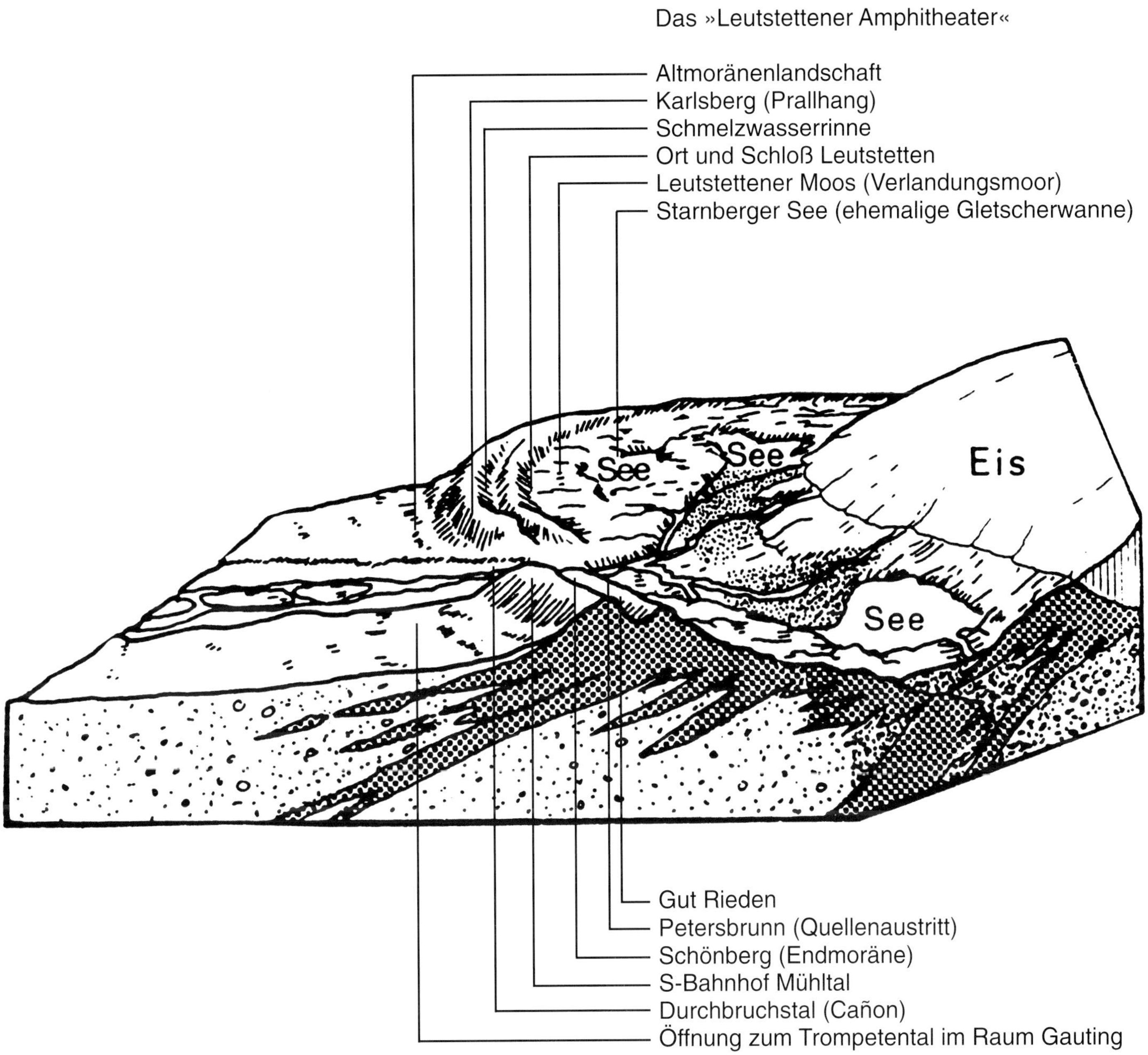

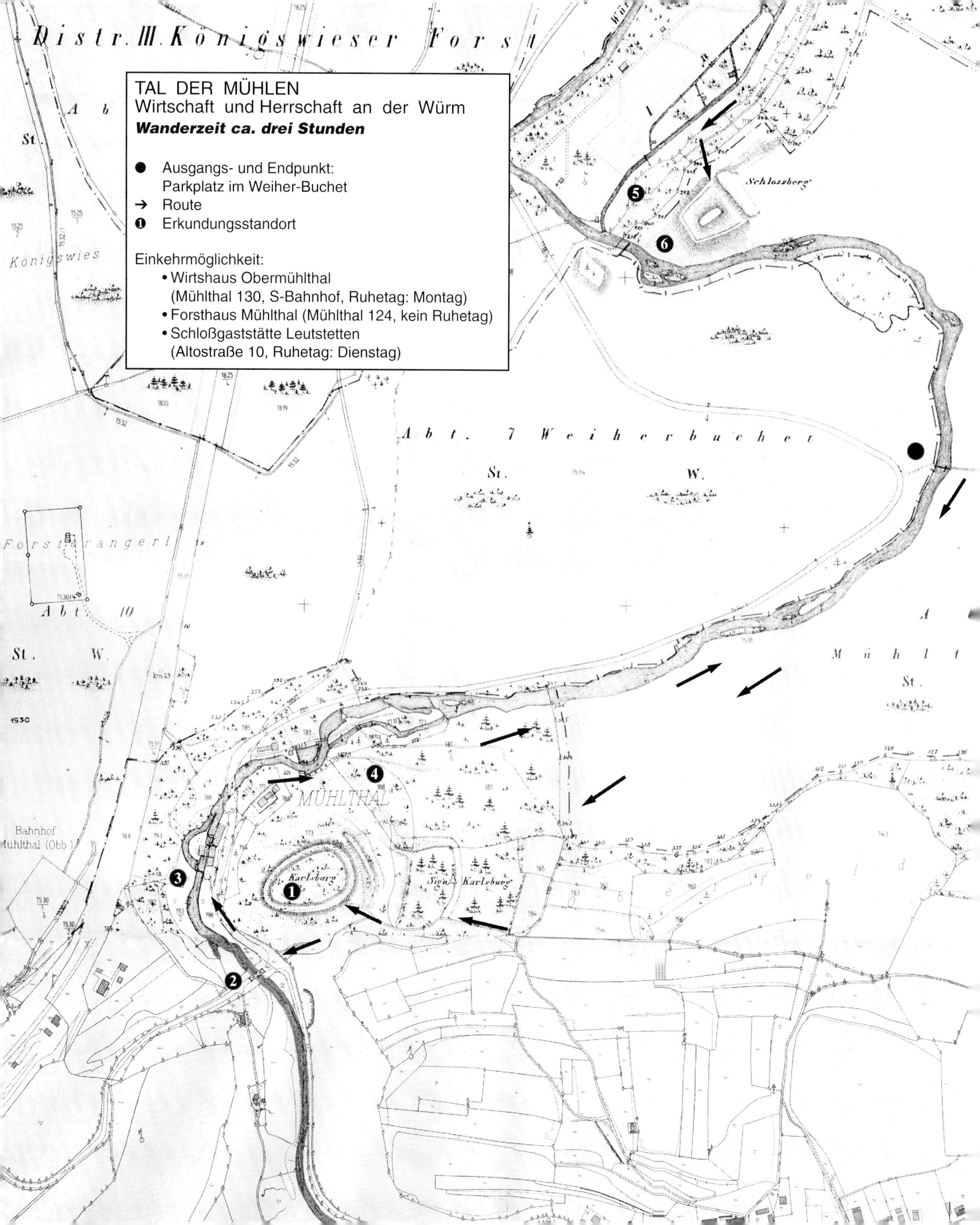

Distr. III. Königswieser Forst
TAL DER MÜHLEN
Wirtschaft und Herrschaft an der Würm
Wanderzeit ca. drei Stunden
Ausgangs- und Endpunkt:
Parkplatz im Weiher-Buchet
Route
Erkundungsstandort
Einkehrmöglichkeit:
• Wirtshaus Obermühlthal
(Mühlthal 130, S-Bahnhof, Ruhetag: Montag)
• Forsthaus Mühlthal (Mühlthal 124, kein Ruhetag)
• Schloßgaststätte Leutstetten
(Altostraße 10, Ruhetag: Dienstag)
Schlossberg
Abt. 7 Weiherbuchet
Forstangerl
Abt. 10
MÜHLTHAL
Karlsburg
Sign. Karlsburg
Bahnhof
Mühlthal (Obb.)

TAL DER MÜHLEN – Wirtschaft und Herrschaft an der Würm

Ausgangs-/Endpunkt: Weiher-Buchet

Vor rund 10 000 Jahren hatten sich die Gletscher-Schmelzwasser der Würm nach dem Durchbruch des Moränengürtels zwischen Rieden und Leutstetten rund 35 – 40 Meter tief in Schotterfelder eingesenkt und einen cañonartig aussehenden Talabschnitt entstehen lassen: das Mühlthal. Im Laufe der Eintiefung wurden manche Uferbereiche unterschnitten – es entstanden steile Prallhänge –, an anderen wurde losgelöstes Gesteinsmaterial abgelagert – es entstanden flache Gleithänge, flache Würminseln sowie strömungsarme „Weiher".
Der Buchenmischwald westlich des Parkplatzes steht auf einem in Terrassen unterteilten Gleithang. Die Terrassen dokumentieren den Rückgang der Gletscher-Schmelzwasser der Würm.
Nördlich und südlich des Parkplatzes ragen Prallhänge auf, der Schloßberg (6) und der Karlsberg (1). Auf ihnen standen im Mittelalter schwer einnehmbare Burgen. Als größte und einflußreichste Burganlage im oberen Würmtal galt die Burg auf dem Karlsberg. Sie wurde im 14. Jahrhundert aufgegeben. Nicht zuletzt zu ihrer Versorgung entstanden um den Karlsberg zwei Sägemühlen (2)(3). Später wurden im Mühlthal eine Pulvermühle und Fischzuchtanlage (4) betrieben. Unterhalb des Schloßberges entstand im 19. Jahrhundert eine weitere Pulvermühle (5).
Die Karten stellen den Bereich zwischen Schloßberg und Karlsberg 1809/1810 (Kapitelende II) sowie 1977/1979 (Kapitelanfang II) dar. Die Würmtalstraße entstand um 1875 auf Geländeterrassen im Weiher-Buchet.
(Route: Nordöstlich der Brücke beginnt der Hangweg nach Leutstetten. Vor Leutstetten dem Schild „Mühlthal" folgen. Zum Karlsberg nach rechts abzweigen.)

Die Burg auf dem Karlsberg

Standort 1: Plateau auf dem Karlsberg

Die Bezeichnung „Mühlthal" taucht in Chroniken des 15. Jahrhunderts auf, die Abschriften älterer Quellen darstellen. Der Geschichtsschreiber Johannes Aventin verband im frühen 16. Jahrhundert Hinweise in den Chroniken mit Sagen über die Zeugung und Geburt Karls des Großen und behauptete, Karl der Große sei 742 auf dem Karlsberg geboren worden. Der Kartograph Philipp Apian bezeichnete um 1560 in seiner „Großen Karte" von Bayern die Ruine auf dem Karlsberg dann auch als „Carlspurg". Andere Interpreten der Sagen nannten die Reismühle bei Gauting als Geburtsort.
Gleichwohl wird eine Burg auf dem Karlsberg erst in Urkunden des 12. Jahrhunderts erwähnt. Sie war von den Wittelsbachern auch als Vorposten an der Grenze zum Machtbereich der Grafen von Andechs errichtet worden, deren Vorposten das „castrum Starnberch" bildete. Nachdem die Wittelsbacher Starnberg im 13. Jahrhundert erobert hatten, wurde die Burg ca. 1310/1320 bedeutungslos und verfiel. Nach Grabungen um 1837 scheint sicher zu sein, daß die Burg aus einer im wesentlichen nach Südosten gerichteten Mauerbefestigung mit sieben nach innen offenen Türmen bestand. Um die Burg war das Gelände eingesteilt worden und die terrassierten Zugänge wohl mit Palisadenzäunen bewehrt gewesen. Auf Landschaftsbildern des 19. Jahrhunderts erschien der Karlsberg weitgehend unbewaldet.

Das Mühlenmonopol der Oberen und Unteren Mühle im Mühlthal

Standort 2: Kapellerbrücke, Schusterhäusl

Die Würm erreicht unterhalb des Karlsberges ihre höchste Fließgeschwindigkeit. Die Enge des Cañons wirkt wie ein Mühlbach, und wegen des vorgelagerten Leutstettener Mooses bleibt die Würm frei von Grundeis und konstant in der Wasserführung.
Mit dem Bau von Wassermühlen konnte der Schritt vom Werkzeug zur Maschine vollzogen werden. Dieser Schritt blieb oft dem Grundherren vorbehalten, der die Rechtsmittel „Mühlenbann" und „Mühlenzwang" anwenden konnte: Keine Mühle durfte ohne seine Erlaubnis in der Nähe errichtet werden, anliegende Bewohner hatten die Dienste einer bestimmten Mühle in Anspruch zu nehmen. War die Mühle eine Sägemühle, so hatte der Grundherr zusätzlich das Holzschlagmonopol inne: Er kontrollierte die Ressourcen Wasserkraft und Holz.
Die ehemalige Obere Mühle südlich der heutigen Kapellerbrücke sowie die Untere Mühle gegenüber dem Forsthaus Mühlthal wurden in Urkunden des 13. Jahrhunderts erwähnt.
Spätestens im 16. Jahrhundert waren sie als Sägemühlen im Gebrauch. Das Einzugsgebiet der Mühlen reichte – dank der natürlichen Vorzüge des Talabschnittes – bis zur Amper im Westen, bis zur Isar im Osten und zur Reismühle im Norden. Die Obere Mühle war um 1820 abgetragen worden.
Wehrbauten und eine Würminsel gingen bei der Würmregulierung um 1836 verloren. Am Mühlstandort

entstand wohl noch 1827 das Schusterhäusl. Die Umgestaltung der Flußlandschaft kann auf den Karten von 1809/1810 (Kapitelende II) und 1977/1979 (Kapitelanfang II) verfolgt werden. Am Ufersaum zeichnen sich wenige Spuren des Mühlenstandortes ab.

Standort 3: Steg bei der Unteren Mühle

Am Standort der Unteren Mühle steht ein Mühlenbetrieb mit Bauformen des späten 19. Jahrhunderts. Neben der Sägemühle konnte lange Zeit auch eine Getreidemühle unterhalten werden. Um 1890 wurde sie zur „Kunstmühle" ausgebaut. In Kunstmühlen konnten maschinell betriebene Reinigungs-, Kühl- und Saugaggregate ohne Menschenkraft Tag und Nacht in Betrieb gehalten werden. Im Jahre 1892 wurde schließlich das Pumpenhaus westlich der Mühle in Betrieb genommen. Eine Francisturbine treibt bis heute zwei mechanische Kolbenpumpen an, die Trinkwasser aus der Quellfassung südwestlich der Mühle in Hochbehälter beim Bahnhof Mühlthal pumpen. Vor dort fließt es dem Gefälle folgend in Leitungen parallel zur Bahntrasse in die Würmtalgemeinden. In letzter Zeit mußte die Trinkwasserversorgung wegen Quellverunreinigungen eingeschränkt werden. Das Mühlgebäude dient seit kurzem als Unterkunft für Asylbewerber.

Von der Pulvermühle zur Fischzuchtanstalt

Standort 4: Fußweg nordöstlich des Forsthauses Mühlthal

Nach dem Erlaß der Gewerbeordnung 1808 und der gesetzlichen Garantie der Gewerbefreiheit lagen auf den Mühlbetrieben keine Bann- und Zwangrechte mehr. Der Kundenkreis und die Produkte der Mühlen änderten sich. So befand sich um 1864 eine Pulvermühle nördlich des Karlsbergs. Das Schwarzpulver wurde wohl für den Straßen-, Bahn- und Tunnelbau verwendet.
Die Herstellung war nicht ungefährlich. Kronprinz Rupprecht berichtete aus seiner Kindheit um 1870/1880 im Schloß Leutstetten südlich des Karlsberges: „Eines Tages flog die Pulvermühle mit lautem Getöse in die Luft. (...) Später ist die Mühle noch öfter in die Luft geflogen."
Im Jahre 1893 wurden schließlich vom „Millibauer" des Musterguts Leutstetten, König Ludwig III., drei zivile Fischzuchtteiche am Mühlenstandort eingerichtet. Der Standort war gut geeignet: Um 1900 gab es schon mehr als 20 Teiche. Die Zuchtanlage wird gegenwärtig vom Verband der Kreissportfischer gepachtet.
(Route: An der Würm entang zum Schloßberg)

Standortkarriere: Anger, Pulvermühle, E-Werk, Reitstall

Standort 5: Würmwehr und Fußweg am Schloßberg

Auf der Karte am Ende des Kapitels ist der Gleithang westlich des Schloßberges im Zustand von 1809/1810 als „Anger" dargestellt. Von etwa 1836 bis um 1888 arbeitete hier eine weitere Pulvermühle. Die Karte von 1977 am Anfang des Kapitels zeigt noch die Lage der wasserumflossenen Mühlhäuschen und des Zuleitungskanals. 1893 erwarb der Gautinger Papierfabrikant Haerlin die Mühle und baute sie zur „Holzschleif" um. Die Anlage fertigte aus Holzstoff Vorprodukte von Papier, die in der Gautinger Papierfabrik endverarbeitet wurden. 1896 ließ Haerlin ein Stromaggregat einbauen. Die 54-PS-Turbine war 1907 eine der stärksten im gesamten Würmtal. Sie wurde später durch eine Francisturbine ersetzt. Im Verbund mit dem Elektrizitätswerk an der Gautinger Würmbrücke werden gegenwärtig rund 1 Million kWh im Jahr produziert – Energie im Wert von rund 300 Tonnen Öl.
Um 1900 wurden am Mühlenstandort Wohnungen für Angestellte der Papierfabrik errichtet. Gegenwärtig befinden sich auch ein Busunternehmen sowie ein „Reit- und Fahrverein" mit Mietpferdboxen auf dem Areal.

Die Burg auf dem Schloßberg

Standort 6: Plateau auf dem Schloßberg

Über die ehemalige Burg auf dem Schloßberg ist wenig bekannt. Der Burgstall erschien erst 1864 auf einem Flurplan. Der Burgstall wurde zumeist als Rest einer mittelalterlichen Abschnittsburg gedeutet. Eine Hauptfunktion lag offenbar in der Kontrolle des Verkehrs auf der alten Wegeverbindung zwischen Rieden – Königswiesen (ehemaliger Jagdsitz der Wittelsbacher gegenüber des Schloßberges) – Gauting. Ein hügelartiges, von Menschenhand aufgeschüttetes Vorwerk am westlichen Würmufer unterhalb des Schloßberges wurde als Flußsperre gedeutet.
Der Burgstall am Schloßberg trägt noch deutliche Züge der Überarbeitung des nacheiszeitlichen Reliefs durch Menschen: Ein bis 10 Meter tiefer und 20 Meter breiter Abschneidegraben trennte die Hauptburg über der Würmschleife von einer Vorburg, die wohl Wirtschaftsgebäuden und Pferden Schutz bot. Mit den abgegrabenen Schottermassen konnte der Berghang erhöht und eingesteilt werden. Den Blick vom trapezförmigen Plateau ins Weiher-Buchet verstellen seit rund 150 Jahren hochaufragende Buchen.

Das Durchbruchstal der Würm um 1809

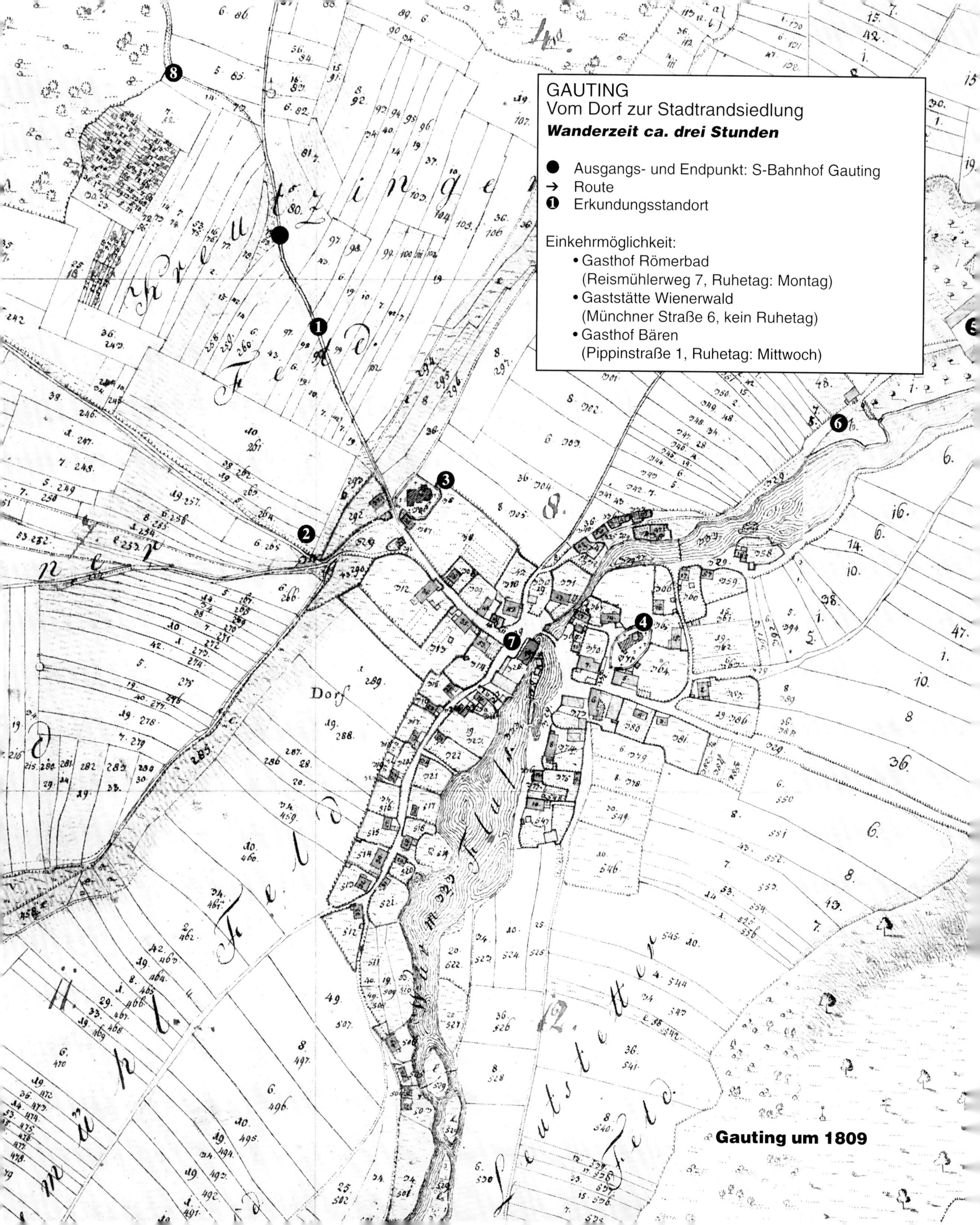

Gauting um 1809

GAUTING –
Vom Dorf zur Stadtrandsiedlung

Ausgangs-/Endpunkt: S-Bahnhof Gauting

Der Ortsgrundriß von Gauting um 1809 war das Ergebnis der Inwertsetzung der lokalen Topographie sowie einer baulichen Verbindung der frühen Siedelplätze um die Gautinger Würmbrücke von der Bronzezeit an. Die Karten stellen den Kernbereich von Gauting 1809 sowie 1977/1980 dar. (Kapitelanfang, -ende III)

Die Gautinger Terrassentreppe

Standort 1: Zugspitzstraße / Bahnhofstraße

An den Rändern des Reismühler und Grubmühler Feldes hatte vor rund 10000 Jahren die Urwürm bei ihrem Rückzug ins heutige Flußbett steile Terrassenränder hinterlassen. Anders im Ortsbereich von Gauting: Zwischen der Frauenkirche und der Würmbrücke senkte sich die Würm zwar auch 25 Meter tief ein, bildete jedoch mehrere Zwischenterrassen aus, die eine zusammenhängende „Terrassentreppe" ergaben. Über die Terrassentreppe können Reisende seit jeher das obere Würmtal bequem passieren. Die Terrassentreppe ist in der Abfolge von Erosionsstufen und Geländeterrassen im Verlauf der Bahnhofstraße und östlichen Buchendorfer Straße erkennbar geblieben. Merklich auf Geländestufen liegen die Zugspitzstraße, die Königswieser Straße – Bergstraße, die Hangstraße sowie die Schulstraße – Schloßstraße. Die meisten Ortsstraßen von Gauting enden heute noch an den Rändern der Terrassentreppe am Reismühler und Grubmühler Feld – als Sackgassen.

(Route: Durch die Zugspitzstraße zur Evang. Kirche)

Die Römerstraße Augsburg-Salzburg und die Siedlung der Bajuwaren

Standort 2: Vor der Evangelischen Kirche

In Gauting bestand an der heutigen Reismühler Straße zumindest vom frühen ersten bis ins späte vierte Jahrhundert die römische Straßensiedlung „Bratananio". Ihre Entwicklung stand im Zusammenhang mit der Römerstraße Augsburg-Salzburg, die über die Terrassentreppe das obere Würmtal querte. Der ehemalige Verlauf der Römerstraße ist noch nachvollziehbar: Er lag zwischen der ebenso benannten Römerstraße durch die Villenkolonie, der Evangelischen Kirche, dem Hauptplatz, dem südlichen Saum der Buchendorfer Straße, dem Römerschanzweg (der eigentlich „Keltenschanzweg" heißen müßte) und der Buchendorfer Viereckschanze.
Im Zusammenhang mit der Wegeverbindung entstand im 6. Jahrhundert wohl auf römischem Rodungsgrund die Bajuwarensiedlung „Goutinga". Das Zentrum der vielleicht 10–15 Hofstellen umfassenden Siedlung lag scheinbar unter der Geländestufe zwischen der heutigen Evangelischen Kirche und der Frauenkirche um den „Pfingstmittwochbühel". Zuletzt 1939, beim Bau der Gemeindesparkasse, wurden Teile eines bajuwarischen Reihengräberfriedhofes aufgedeckt. In einer Kultkontinuität entstand auf dem Areal 1928 die Evangelische Kirche.

(Route: Treppe zur Sparkasse und Bahnhofstraße)

Die historische Peripherie von Gauting

Standort 3: Vor der Frauenkirche

Die Frauenkirche und Schloß Fußberg lagen - wie auf der Karte von 1809 (Kapitelanfang III) erkennbar – außerhalb des Dorfes. Den ersten Bau der ummauerten Frauenkirche als Wallfahrtskirche weist eine Urkunde von 1465 nach. Im 16. Jahrhundert erhielt die Frauenkirche Funktionen einer Hofmarkkirche.

Das historische Zentrum von Gauting

Standort 4: Vor der Pfarrkirche St. Benedikt

Das historische Zentrum von Gauting lag im Mittelalter zwischen der Würmbrücke und der Pfarrkirche St. Benedikt. Am östlichen Würmufer bot eine Geländeterrasse Schutz vor gelegentlichem Hochwasser wegen Grundeisbildung im Würmbett und Raum für den vermuteten Fronhof eines karolingischen Bauernhofverbandes aus der Zeit um 800 sowie für die erst 1315 urkundlich nachweisbare Pfarrkirche. Die Münchner Straße umgeht mit ihrer markanten Krümmung südöstlich der Pfarrkirche heute noch alten kirchlichen Grundbesitz. Aus dem Fronhofverband hatten sich spätestens im 13. Jahrhundert bäuerliche Hofstellen entwickelt.

„Fußberg" war bis ins 19. Jahrhundert häufig die „Gauting" überlagernde Bezeichnung der Siedlung gewesen. Von 1560 bis 1803 bildete Schloß Fußberg als Hofmark eine Adelsherrschaft mit niederer Gerichtsbarkeit und Verwaltung für rund ein Drittel der damaligen Gautinger Bevölkerung. In der 1935 neu aufgebauten Pfarrkirche wurden Teile der spätgotischen Stifterfenster der Hofmarkherrscher aus dem Vorgängerbau erneut eingebaut. Zur Hofmark gehörten die „Hofmarktaferne" (heute Wienerwald-Gaststätte gegenüber der Pfarrkirche) und die Gautinger

Ortsmühle bei der Würmbrücke (jetzt Elektrizitätswerk).

(Route: Ledererstraße, über den Würmsteg, nach rechts durch den Wohnpark zum Schloß Flußberg).

Fußberg: Schloß, Hofmarksitz, Fabrikantenvilla.

Standort 5: Schloß Fußberg

Um 1560 wurde der Schloßkomplex als „Häuser mit einem uralten achteckigen Thurme" beschrieben. Bis ins 19. Jahrhundert erfuhr das Schloß Umgestaltungen von einer Wehranlage in der Würmschleife zur Wohnstätte mit Landschaftsgarten. Von 1893 bis 1981 war das Schloß im Besitz der Familie Haerlin und Erben, Papierfabrikanten zu Gauting, seither ist es im Besitz der Gemeinde Gauting.

Standort 6: Wohnpark Würmufer

Auf dem Areal vor dem Schloß befand sich 1878-1968 die Gautinger Papierfabrik. Zwischen 1969 und 1971 wurde auf dem Areal der Wohnpark Würmufer 266 Wohnungen errichtet. Gauting hatte bereits 1961 einen Anteil von 43% Auspendlern unter den Berufstätigen und so das bäuerliche Dorf-Image abgestreift. Die einzelnen Wohnungen der Anlage erscheinen wie kastenförmig neben- und übereinandergeschachtelte Einheiten und gleichen traditionellen Bauformen der nordamerikanischen Pueblo-Indianer.

(Route: Durch den Wohnpark, am Würmsteg vorbei zum Hauptplatz)

Ortsmittelpunkt Elektrizitätswerk

Standort 7: Hauptplatz

1809 war das Zentrum um die Pfarrkirche und Würmbrücke deutlich wahrnehmbar. Entlang der Starnberger Straße befand sich eine dorfstraßenähnliche Erweiterung. Die Mittelpunktlage ist auch gegenwärtig unübersehbar: Rund 14 000 bis 19 000 PKW benutzen täglich die Würmbrücke. Lebten 1809 in Gauting 321 Einwohner, so waren es 1987 bereits 11 978 Einwohner. Die Bevölkerungszunahme stand im Zusammenhang mit der Eröffnung und Kapazitätserweiterung der Bahnstrecke Pasing – Starnberg seit 1854, der Ansiedlung von Heimatvertriebenen nach 1945 und der Lage Gautings im Pendlereinzugsbereich von München.

Der Zunahme der Bevölkerung ging eine um 1870 deutlich werdende Freisetzung bäuerlich genutzten Grundbesitzes voraus. In den 1920/30er Jahren setzte die Bebauung der Gautinger Terrassentreppe nördlich und südlich der Bahnhofstraße ein. An der Bahnhofstraße gab 1960 der letzte Landwirt seinen Betrieb auf. Als Bauernhaus sind im Zentrum von Gauting ein Wohnstallhaus westlich der Pfarrkirche (Münchner Straße 3) erkennbar sowie die Gebäude Starnberger Straße 9 und 14. Von 1900 bis 1976 befand sich gegenüber dem Anwesen Schloßstraße 5 (Tankstelle) das Gautinger Würmbad mit Schankwirtschaft.

(Route: Rechts am Bahnhof vorbei, durch die Unterführung zum westlichen Ende des Pippinplatzes)

Die Gautinger Villenkolonie

Standort 8: Pippinplatz

Zwischen 1902 und 1923 erwarb, parzellierte, bebaute und verkaufte die Gautinger Immobilien-Gesellschaft AG Waldrandgrundstücke westlich der Bahntrasse bei Gauting. Die Bebauung an den großzügig angelegten und geschwungenen Erschließungsstraßen folgte einem städtebaulichen Konzept, sah „malerische" Verknüpfungen der parkähnlichen Grundstücke und harmonisch gegliederten Wohngebäude vor. Der Pippinplatz bildet die Abstandsfläche zum Bahnhof. Das Hotel „Zum Bären" war 1911 als Zentrum der eigenständig wirkenden Villenkolonie geplant und, den sonst üblichen Maßstab der Bebauung sprengend, erbaut worden. Unter den ersten Villenbesitzern waren viele höhere Beamte, Künstler, Kaufleute, Ärzte und pensionierte Offiziere.

(Route: Vom Pippinplatz in die Germeringerstraße, nach 200 m links in die Gisilastraße)

Baugruppe Gisilastraße

Standort 9: Gisilastraße

Der architektonische Ausdruck der Villen spiegelt eine Zeit gesellschaftlicher und wirtschaftlicher Umbrüche wieder. Er setzte beim oberbayerischen Bauernhaus ein und leitete den Typus des „bürgerlichen" Landhauses ab. Elemente der Veränderung waren Zwerchhäuser, Mittelrisalite, Treppenhäuser, der Verzicht auf Holzverkleidungen am Wohnteil und etwas steilere Dächer. Die Villen sollten „malerisch" wirken. Historistische und neugotische Formelemente wurden ebenso eingesetzt wie Formelemente des Maximilanstils und Jugendstils.

Die Villen Gisilastraße 2, 4, 8 und 10 wurden in den Jahren 1905/1906 von der Immobilien-Gesellschaft erbaut und zu Festpreisen angeboten. Sie bilden die am besten erhaltene Baugruppe der Villenkolonie.

(Route: Zurück zum S-Bahnhof Gauting)

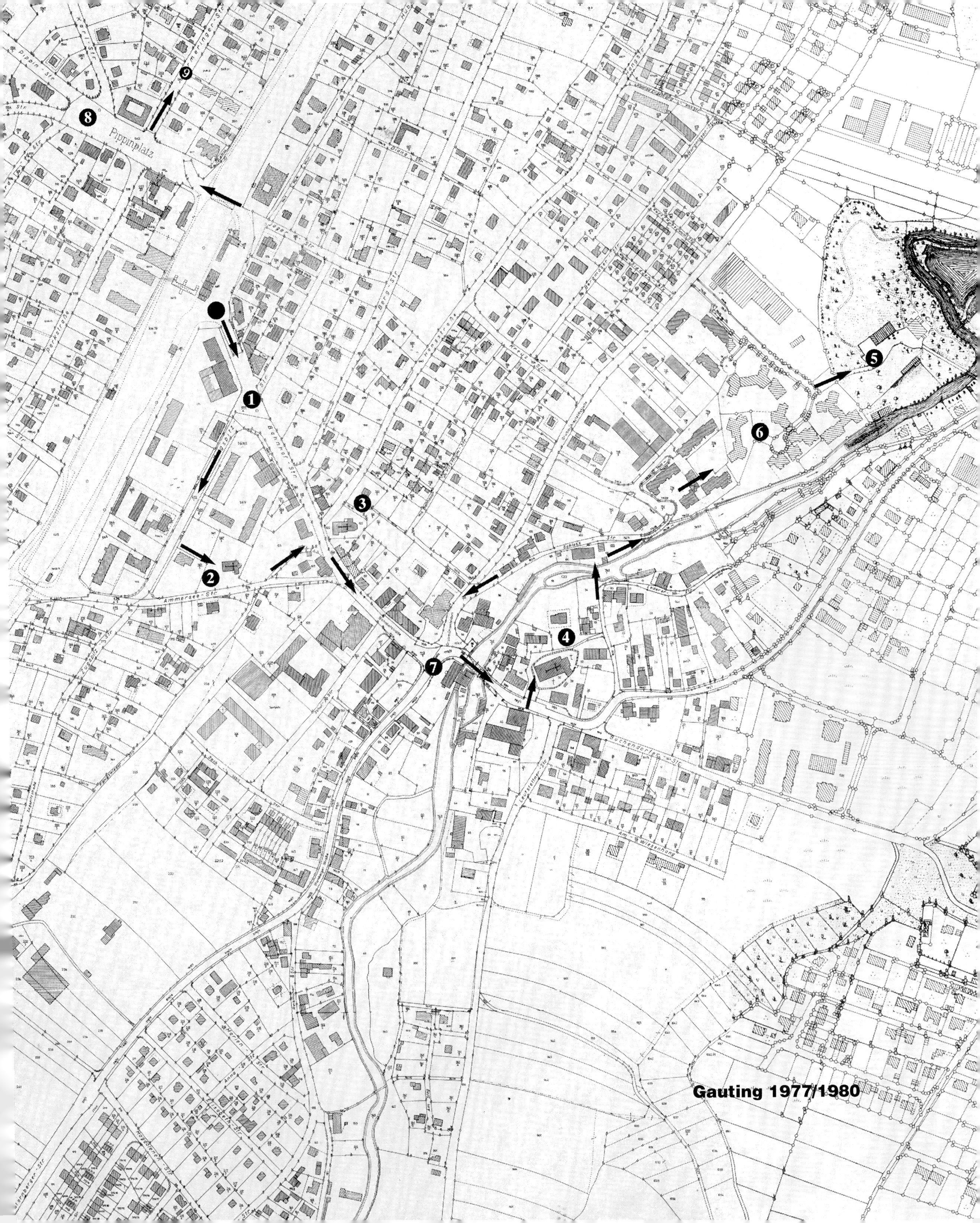
Pippinplatz
Ammersee-Str.
1
2
3
4
5
6
7
8
9
Gauting 1977/1980

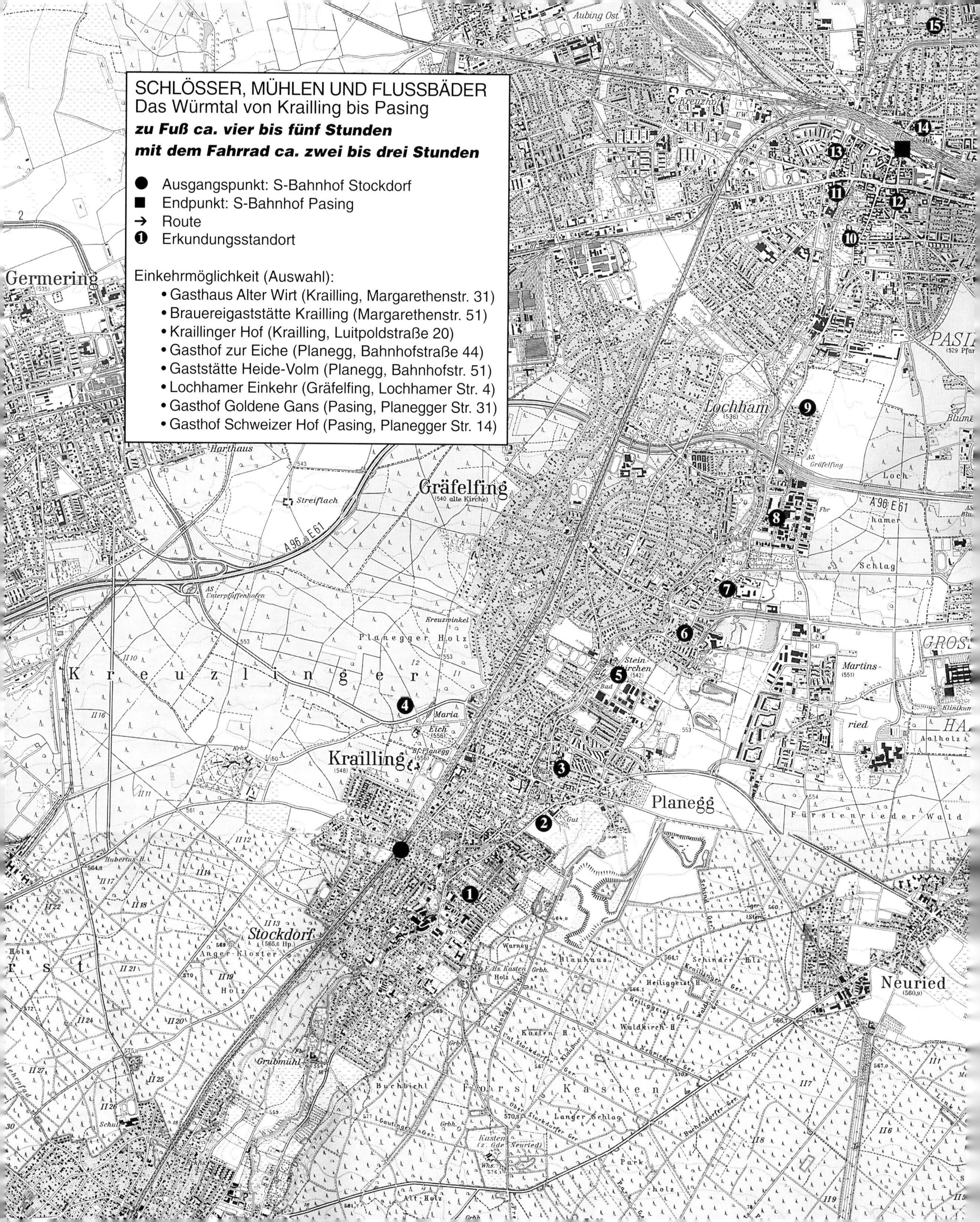
SCHLÖSSER, MÜHLEN UND FLUSSBÄDER
Das Würmtal von Krailling bis Pasing
zu Fuß ca. vier bis fünf Stunden
mit dem Fahrrad ca. zwei bis drei Stunden
● Ausgangspunkt: S-Bahnhof Stockdorf
■ Endpunkt: S-Bahnhof Pasing
→ Route
❶ Erkundungsstandort
Einkehrmöglichkeit (Auswahl):
• Gasthaus Alter Wirt (Krailling, Margarethenstr. 31)
• Brauereigaststätte Krailling (Margarethenstr. 51)
• Kraillinger Hof (Krailling, Luitpoldstraße 20)
• Gasthof zur Eiche (Planegg, Bahnhofstraße 44)
• Gaststätte Heide-Volm (Planegg, Bahnhofstr. 51)
• Lochhamer Einkehr (Gräfelfing, Lochhamer Str. 4)
• Gasthof Goldene Gans (Pasing, Planegger Str. 31)
• Gasthof Schweizer Hof (Pasing, Planegger Str. 14)
Aubing Ost
Germering
Lochham
Gräfelfing
Planegger Holz
Kreuzlinger Forst
Maria Eich
Krailling
Planegg
Stockdorf
Neuried
Forst Kasten
Martinsried
Fürstenrieder Wald
Grubmühl
Buchhbichl
Langer Schlag
A96 E61

SCHLÖSSER, MÜHLEN UND FLUSSBÄDER – Das Würmtal von Krailling bis Pasing

Ausgangspunkt: S-Bahnhof Stockdorf

An Verkehrsknotenpunkten und Brückenorten im Würmtal übernahmen zwischen dem sechsten und achten Jahrhundert bajuwarische Adelige mit Gefolgschaft (Leute des Gudo, Chrouwilo, Grefolf und Paso) alten Siedlungsboden. Bei diesen Siedlungen entstanden im 12. und 16. Jahrhundert wasserumströmte Burgen und Schlösser: Schloß Fußberg (in Gauting), Schloß Krailling, Schloß Planegg, Schloß Seeholzen in Gräfelfing und Schloß Pasing. Sie wurden Mittelpunkte von Hofmarken, kleinen Staaten im Staate mit niederen Hoheitsrechten sowie mit Verwaltungsaufgaben. Die Hofmarkrechte konnten vom Landesherrn verliehen werden, sobald ein Adeliger oder später auch Privatleute über geschlossenen Besitz in einer Gemarkung verfügten. Mit der Eröffnung der Eisenbahnstrecke Pasing-Starnberg 1854 setzte ein tiefgreifender Strukturwandel in den Würmtalorten ein. Zwischen den alten Ortskernen an der Würm und den neuen Bahnstationen auf der Hochterrasse entstanden Landhäuser und Villen einer gutsituierten Münchner Bevölkerungsschicht. Bei den Bahnstationen und entlang der neu angelegten Bahnhofstaßen wurden Gasthäuser, „Restaurationen" und Ausflugslokale eingerichtet. Zahlreiche Bäder luden Bahnreisende zum Sprung in die Würm ein.

(Route: Vom S-Bahnhof Stockdorf entlang der Alpenstraße westlich der Bahntrasse nach Norden zur Pentenrieder Straße, dieser nach Krailling zur Linnerbrücke folgen)

Schloß Krailling und die Linnermühle

Standort 1: Linnerbrücke

Krailling war kirchenrechtlich mit Gräfelfing, dann mit Martinsried und schließlich mit Planegg verbunden gewesen. Die älteren Anwesen des Ortes liegen in langgestreckter Reihe am westlichen Würmufer, zwischen der Filialkirche St. Margaret und der Rathausbrücke im Norden sowie der Linnerbrücke im Süden. Bei der Linnerbrücke teilt sich die Würm in den zum Sägewerk der Linner KG führenden Mühlbach und das Altwasser mit reizvoll gestalteten Teichen und Würminseln. Von 1564 bis 1810 stand im Hof der Linner KG das „uralte Schloß mit vier Türmen, fest und massiv gebaut, inwendig mit Turniergeschichten bemalt". Mancher Stein des Kraillinger Hofmarkschlosses dürfte in den Bauten der 1892 erbauten Linnermühle und im Sägewerk stecken. Noch Anfang der 90er Jahre bewegte selbsterzeugter Strom den Elektromotor der Säge. Die liebevoll gepflegte technische Ausstattung der 1975 stillgelegten Mühle mit Transmissionsriemen, Elevatoren in Holzkästen und Walzenstühle von 1904 weckt Erinnerungen an die Blütezeit der „Kunstmühle". Um 1800 gab es nur 26 Anwesen in Krailling. Der Bau der Eisenbahn führte nach 1890 zum Bau von Villen an den Straßenzügen, die zu den Bahnstationen in Stockdorf und Planegg führen.

(Route: Margarethenstraße nach Norden)

Schloß Planegg

Standort 2: An der Burgfriedensäule

Auf der westlichen Würmseite vor der Einfahrt zum Schloß Planegg markiert eine Burgfriedensäule den Übergang von Krailling in das Planegger Gemeindegebiet. Planegg erschien lange Zeit nicht als Dorfgemeinde sondern eher als loses Gebinde einzelner Höfe. Den Zusammenhalt erwirkte die um 1442 eingerichtete Hofmark Planegg mit der bis 1921 als Dorfkirche fungierenden Schloßkapelle. Der Vorgängerbau des Schlosses wurde 1409 als „Behausung genannt Planegk" bezeichnet, die Herzog Wilhelm III. erwarb und zur „Vesst" ausbaut. Die „Vesst" wurde von einem Kranz weiterer Gebäude umgeben: Gerichtshaus, Reitstall, Kutscherhaus und Torwächterhaus. Der Schloßbau steht leicht erhöht auf einer Würminsel im Fluß. Eine Dorfstraße führte bis um 1910 durch das Schloßareal zur Kapelle. Dann erst wurde die Mauer vollständig um den Besitz gezogen.

(Route: Um das Schloßareal zur Würmbrücke)

Die Alte Schloßwirtschaft, das „Schwimm- und Wellenbad" und der „Ringelstrumpf"

Standort 3: Brücke mit Bahnhofstraße

Der Mittelpunkt des Dorfes Planegg mit 37 Häusern im Jahre 1717 lag östlich des Schlosses um die 1440 urkundlich erwähnte Alte Schloßwirtschaft (Pasinger Straße 4), die „neue" Schloßwirtschaft von 1901 und eine Schwaige im Besitz der Hofmarkherrschaft (Münchner Straße 2). Westlich des Schlosses ließ Jakob von Hirsch 1835/36 eine Brauerei errichten, die 1934 als Sanitätsdepot der Wehrmacht umgebaut wurde und gegenwärtig der Staatsbibliothek München als Lager dient. Das Gelände nördlich des Schlosses gehörte zur 1889 abgebrannten Hofmarkmühle, wurde aber schon um 1854 als „Baron

Hirsch'sches Schwimm- und Wellenbad" genutzt. 1912 gab es dort Herren- und Damenbecken, welche durch einen mit Kabinen ausgestatteten Steg getrennt waren. Das Bad ging 1938 in den Besitz der Gemeinde Planegg über und mußte 1966 wegen der Kläranlage bei Petersbrunn geschlossen werden. Vom Bad schweift der Blick nach Westen zum „Ringelstrumpf". Die Notkirche St. Elisabeth mit dem Turmbau von 1934 diente als Gotteshaus bis zum Bau des Pfarrzentrums St. Elisabeth im Jahre 1971. Beim Abbruch der Notkirche wurde der Turm erhalten und wegen der grauen Streifen auf blauem Grund als „Ringelstrumpf" bezeichnet.

(Route: Zum S-Bahnhof und weiter nach Maria Eich)

Wallfahrt und Einkehr

Standort 4: Maria Eich

1856 erwarb der Tafernwirt der Alten Schloßwirtschaft Johann Nepomuk Kummer den Bauplatz für eine Gaststätte, welche jetzt den Namen Heide-Volm führt. Zur Zeit der Gasthauseröffnung lebten rund 300 Menschen in Planegg. Die Bahn brachte jedoch ungezählte Scharen von Naherholern, Sommerfrischlern und Wallfahrern nach Planegg und zur Gnadenstätte Maria Eich. 1710 begann eine morsche Eiche wieder zu grünen, in die eine Madonnenstatuette aus Ton gestellt worden war. Der Stamm befindet sich hinter dem Gnadenaltar der Wallfahrtskirche Maria Eich.

(Route: Zurück zur Würmbrücke der Bahnhofstraße, die Bräuhausstraße und Georgenstraße entlang auf der westlichen Würmseite nach Norden zur Kirche St. Georg)

Steinkirchen

Standort 5: Würminsel mit St. Georg

Auf einer Würminsel zwischen Planegg und Gräfelfing steht die Kirche St. Georg, das ehemalige Zentrum der Ansiedlung Steinkirchen. Der kleine Ort wurde im Jahre 945 als „Steininunchiricha" erwähnt und bestand im 13. Jahrhundert aus zwei bäuerlichen Anwesen, einer Mühle (Sägewerk) und der Kirche. Der Bauunterhalt war von den Bewohnern des kleinen Ortes nicht zu leisten, so daß die Kirche verfiel und 1768 als Behelfskirche für Planegg wiederhergestellt wurde. 1849 erwarb der Besitzer des Schlosses in Planegg die Sägemühle mit allen Wasserrechten und ließ an der Würm ein Flußbad errichten, das nach 1950 verfiel.

(Route: Der Stephanusstraße nach Norden bis zur ehemaligen Krämermühle folgen)

„Gartenstadt" Gräfelfing

Standort 6: Steg der ehemaligen Krämermühle

Das Urstromtal der Würm reicht in Gräfelfing vom Gockelberg und Hennenberg im Osten bis zum Neunerberg im Westen. Gräfelfing gehört neben Gauting zu den ältesten Siedlungen im Würmtal und wird wegen seiner weiträumigen Bebauung im Grünen und den seit den 20er/30er Jahren alleeartig gestalteten Ortsstraßen gerne als „Gartenstadt" bezeichnet. Unverkennbar hat diese Entwicklung den Ort von der Würm entfernt und das Ausbilden einer neuen Ortsmitte erschwert. Terraingesellschaften begannen um 1900 nahe der Bahnstation Grundstücke aufzukaufen und eine Villensiedlung mit Gebäuden im Landhausstil aufzubauen. Als historische Ortsmitte ist das Areal um die Pfarrkirche St. Stephanus und die ehemalige Krämermühle zu nennen. Nordöstlich der Krämermühle entstand um 1900 mit der Pappendeckelfabrik Matthys der erste Industriebetrieb im Ort. Das Elektrizitätswerk verpachtet seit 1989 die Gemeinde Gräfelfing als Gästehaus an das Doemens-Technikum. Albert Doemens hatte 1895 die Münchner Brauer-Akademie gegründet. Eine große Steganlage führt über die Würm und den ehemaligen Mühlbach zum Doemens-Technikum am westlichen Würmufer.

(Route: An der alten Pfarrkirche St. Stephan vorbei, die Würmstraße entlang in den Park nördlich des Altenheims St. Gisela)

Hofmarkschloß und Altenheim: Seeholzen

Standort 7: nördlich des Altenheim St. Gisela

Vergleichbar den Hofmarkschlössern in Gauting, Krailling, Planegg, Pasing und Blutenburg-Obermenzing lag Schloß Seeholzen dem Ortskern von Gräfelfing vorgelagert auf einer Insel oder Halbinsel der Würm in strategisch hervorragender Position. Urkunden erwähnen den Edelsitz im Jahre 1116. Alten Beschreibungen nach war Seeholzen ein mit gotischen Ziergiebeln gekrönter zweistöckiger Satteldachbau. Die Eigenständigkeit der Hofmark endete 1643, als der Besitzer der Hofmark Planegg auch Seeholzen erwarb und 1658 alle Rechte an ihn übergingen. Zerstörungen aus dem Dreißigjährigen Krieg scheinen nicht behoben worden zu sein, denn der Zerfall des Schlosses und einer zugehörigen Mühle waren im 18. Jahrhundert nicht mehr aufzuhalten. Joseph Weinbuch, der letzte Besitzer des Anwesens auf dem Schloßareal, hatte den Bau des Altersheims St. Gisela durch eine Stiftung ermöglicht und den Hang des Gockelberges als Rodelberg bestimmt. Am

Fuß des Gockelbergs zeichnet sich ein Graben im Gelände ab, der womöglich vom seeartig um das Wasserschloß herumgeführten Flußarm der Würm herrührt.
Nördlich des Parks hat die abtragende Kraft der Würm ein hohes Seeufer entstehen lassen, die sich nur dem Spaziergänger erschließt.

(Route: Zur Filialkirche St. Johann der Täufer)

Die „Siedlung im lichten Wald"

Standort 8: Kirche St. Johann der Täufer

Die Gräfelfinger Filialkirche St. Johann der Täufer dürfte als Taufkirche der Umgebung entstanden sein. Der umstrittene Anbau um 1955 war durch die Zunahme der Einwohnerzahl in Lochham notwendig geworden. Teile des alten kleinen Kirchleins sind im querschiffartig ausladenden Altarraum enthalten, an den eine Rundapsis und das Langhaus angebaut wurden. Zur Zeit der ersten urkundlichen Erwähnung 1256 lag die Siedlung in einer Lichtung der bewaldeten Hartholzaue der Würm. Lochham entwickelte sich nördlich der Taufkirche um eine Würminsel herum, die die Würm in zwei Arme teilte. Ein Großbrand zerstörte 1876 das Dorf im Wald bis auf wenige Anwesen. 1095, fünf Jahre nachdem die Bahnstation Lochham eingerichtet worden war, gründete man nahe dem Gasthaus „Lochhamer Einkehr" ein Flußbad. Wegen der Gefahr des Eisstaus wurde es zugeschüttet und der Paul-Eipper-Weg darüber angelegt.

(Route: Über die B 12 zum Würmwehr)

Der Pasinger Stadtpark

Standort 9: Würmwehr

Am südlichen Eingang des Pasinger Stadtparks liegt das 1841 errichtete „Wehr der Papierfabrik oberhalb von Pasing" mit Ableitung in den Werkkanal der Papierfabrik von Carl Freiherr von Beck. Dieser Kanal reicht nach Norden bis knapp vor die Hallermühle und bereichert den Stadtpark um einen zweiten „Würmarm." Nahe des Wehrs und noch südlich der Papierfabrik errichtete die Stadt Pasing um 1920 ihr Wasserpumpwerk (Planegger Straße 42), das als dreiflügeliges Gebäude wie eine Landvilla am Ortsrand liegt. Die Beck´sche Papierfabrik (Planegger Straße 38), 1840 als einer der ersten Industriebetriebe in Pasing gegründet, spezialisierte sich bald auf die Briefmarkenherstellung und den Druck der „Schwarzen Einser". Das Würmwasser im Werkkanal diente dem Wässern und Verdünnen der Papiervorprodukte und wurde bis 1927 in Klärteichen nördlich des Betriebs für die Wiedereinleitung in die Würm aufbereitet. Der Pasinger Stadtpark mit Würminseln, Steg und Würmkanal entstand in diesem Bereich aus den Parkanlagen der Gatterburg, die 1931 in den Besitz der Stadtgemeinde Pasing gelangten.

(Route: Auf dem Hugo-Fey-Weg zur Planegger Straße 22)

Vom Dorf zur Stadt

Standort 10: Planegger Straße 22

Schloß Gatterburg war im Auftrag von König Maximilian I. um 1817 am Südende von Pasing entstanden. 1840 erwarb der Papierfabrikant Beck die große Villa mit Parkanlage und gab sie an seinen Schwiegersohn Franz von Gatterburg weiter. Der 1869 neu errichtete zweigeschossige Walmdachbau dient seit 1923 den Passionisten St. Gabriel als Internat und Kloster sowie als Staatsinstitut zur Ausbildung der Lehrer an Realschulen. Entlang der Planegger Straße von der „Gatterburg" bis zum Institut der Englischen Fräulein, kann einer Reihe von Anwesen der Ursprung als Bauernhof angesehen werden, andere verdeutlichen durch ihr Bauhöhe und historisierenden Fassadenschmuck Formen des gehobenen Mietwohnungsbaus um 1900.

(Route: Durch die Engelbertstraße zur Würm und zur Pfarrkirche Mariä Geburt)

Das ehemalige Hofmarkschloß Pasing

Standort 11: Pfarrkirche Mariä Geburt

Es wird vermutet, daß sich auf der Insel inmitten eines von Würmwasser gespeisten Burggrabens schon im 12. Jahrhundert eine Wasserburg befand, zu der die Würmmühle gehörte. Der Besitz der Schloßherren soll im 14. Jahrhundert als Hofmark bezeichnet worden sein. Michael Wening stellte das Schloß 1701 auf einem Kupferstich mit Türmchen, Erker, einer Kapelle, der Kirche Mariä Geburt, der Würmmühle und zwei Stegen über eine damals erheblich breitere Würm dar. Letzter Besitzer der Hofmark war König Maximilian I., dessen Sohn Prinz Karl Theodor das Schloß 1817 abbrechen und die spätere „Gatterburg" am südlichen Ortsrand von Pasing aufbauen ließ. Vom Hofmarkschloß blieb unterirdisch noch ein viereckiger Raum mit Kreuzgratgewölben erhalten. Die Kirche Mariä Geburt wurde nach einem Ortsbrand im 15. Jahrhundert neu erbaut und um 1680 barockisiert. Erst 1881 konnte sich Pasing von der alten Urpfarrei Aubing lösen und eine eigenständige Pfarrei mit den Filialen Laim, Pipping, Blutenburg und Obermenzing bilden.

(Route: Durch die Institutsstraße zur Planegger Straße)

Das Institut der Englischen Fräulein

Standort 12: Planegger Straße 4/6

Die Mädchenschulen der Englischen Fräulein gehen auf Maria Ward zurück, die im frühen 17. Jahrhundert eine neue Ordensgemeinschaft nach den Regeln der Jesuiten gründen wollte. Im Mittelpunkt der Ordensgründung stand die Erziehung der Mädchen in Lesen, Schreiben, Rechnen, Latein, Französisch, Italienisch, Nähen und Sticken sowie die Vermittlung des Katechismus. Auf dem Grund mehrerer Bauernhöfe und Schloßbesitzungen wurde um 1866 für die Englischen Fräulein ein Kloster mit Mädchenvolksschule und Höherer Töchterschule errichtet. Zur „Maria-Ward-Klostergründung" gehörten die Mädchenschule südlich der Dorfkirche an der Würm, die Anstaltskirche Rosenkranzgöttin von 1890/93, das Schulhaus an der Institutsstraße 4 und die Knabenschule am Schererplatz. In die Institutsgebäude zog 1957 eine Mädchenmittelschule ein, später eine Berufsschule, eine Polizeidienststelle und das Wohnheim.

(Route: Zum Pasinger Marienplatz und entlang der Bodenseestraße zur Würmbrücke)

Der Würmübergang bei Pasing

Standort 13: Würmbrücke der Bodenseestraße

Der Würmübergang bei Pasing hatte durch die Verlegung der Salzstraße von Oberföhrung nach München um das Jahr 1156 eine wesentliche Aufwertung erfahren. 1809 führte die Straße in schräger nordwestlicher Richtung über den Fluß. Die schmalen Stege über die Würm und den Nymphenburger Kanal deuten die Lage der alten Brücke an. Erst um 1859 entstand für die Bodenseestraße eine Holzbrücke am jetzigen Standort, die 1898 durch eine Eisenbrücke mit 10 Meter Breite ersetzt wurde. Der Verkehr an dieser Ausfallstraße machte den Neubau der Brücke wiederholt notwendig.

(Route: Über den Manzinger Weg und die Irmonherstraße zum Pasinger Bahnhof)

Die Pasinger Bahnhöfe

Standort 14: Bahnhofsvorplatz

Bei der Eröffnung der ersten Teilstrecke der München-Augsburger Eisenbahn nach Lochhausen 1839 besaß Pasing noch keine Haltestelle. Erst nach der Weiterführung der Bahn nach Maisach und Augsburg im Jahre 1840 entstanden zwei Bretterbuden, die 1847 durch einen Backsteinbau ersetzt wurden. Dieses alte Stationsgebäude befindet sich noch nördlich des Bahnhofsvorplatzes. Das nur etwas jüngere Stationsgebäude am Bahnhofsvorplatz wurde 1873 errichtet, als vier Linien über Pasing führten, die Linien nach Augsburg, Memmingen, Starnberg und Herrsching. 1905 zählte man in Pasing 18 Industriebetriebe, von denen nur wenige einen Standort weitab der Eisenbahnlinien gewählt hatten. Pasing wurde 1938 München angegliedert und sollte zum Verkehrsknotenpunkt der Reichsautobahnen von Stuttgart und Lindau ausgebaut werden.

(Route: Durch den Bahnhof zum Nordausgang in die August-Exter-Straße, nach links zum Wensauer Platz)

Die Villenkolonie Pasing I

Standort 15: Wensauer Platz

Die hervorragende Verkehrsanbindung war im Jahre 1892 der entscheidende Faktor zur Gründung der „Villenkolonie Neu-Pasing I". Selbst die entlegensten Bauplätze der neuen Wohnsiedlung zwischen der Bahnanlage und dem Nymphenburger Kanal waren nicht mehr als 800 Meter vom Bahnhof entfernt. Die Villenkolonie gilt als erster organisierter Einfamilienhausbau außerhalb des damaligen Münchner Burgfriedens und ermöglichte dem solventen Mittelstand die „Flucht aufs Land", ins freistehende Einfamilienhaus. Ein Werbeargument Exters beim Verkauf der Villen war die Nähe der Villenkolonie zum Schloßpark Nymphenburg und zu den vielbesuchten Würmbädern, welche „hier noch besonders rein sind". Den rasterartigen Grundriß der Villenkolonie bestimmte das Straßenkreuz der Fritz-Reuter-Straße mit der Orthstraße. Die Bauherren konnten damals aus einem Katalog unter vielen Haustypen, Bauformen und Gestaltungsmöglichkeiten wählen. Wie nach dem Baukastenprinzip entstanden die Villen, Landhäuser und „Schlößchen", jedes mit einem besonderen Äußeren: Türmchen, Erker, Balkone mit aufwendiger Schnitzarbeit, Medaillons und Fassaden mit unterschiedlichen Putztechniken. Einen guten Eindruck von der Vielfalt der Bauformen erhält man an der Marsopstraße.
Das Zentrum der Kolonie sollte der Wensauer Platz nahe dem Pasinger Bahnhof werden. Der wurde nach dem Vorbild des bayerischen Angerdorfes mit Giebelhäusern ländlichen Typs umbaut.

Endpunkt: S-Bahnhof Pasing

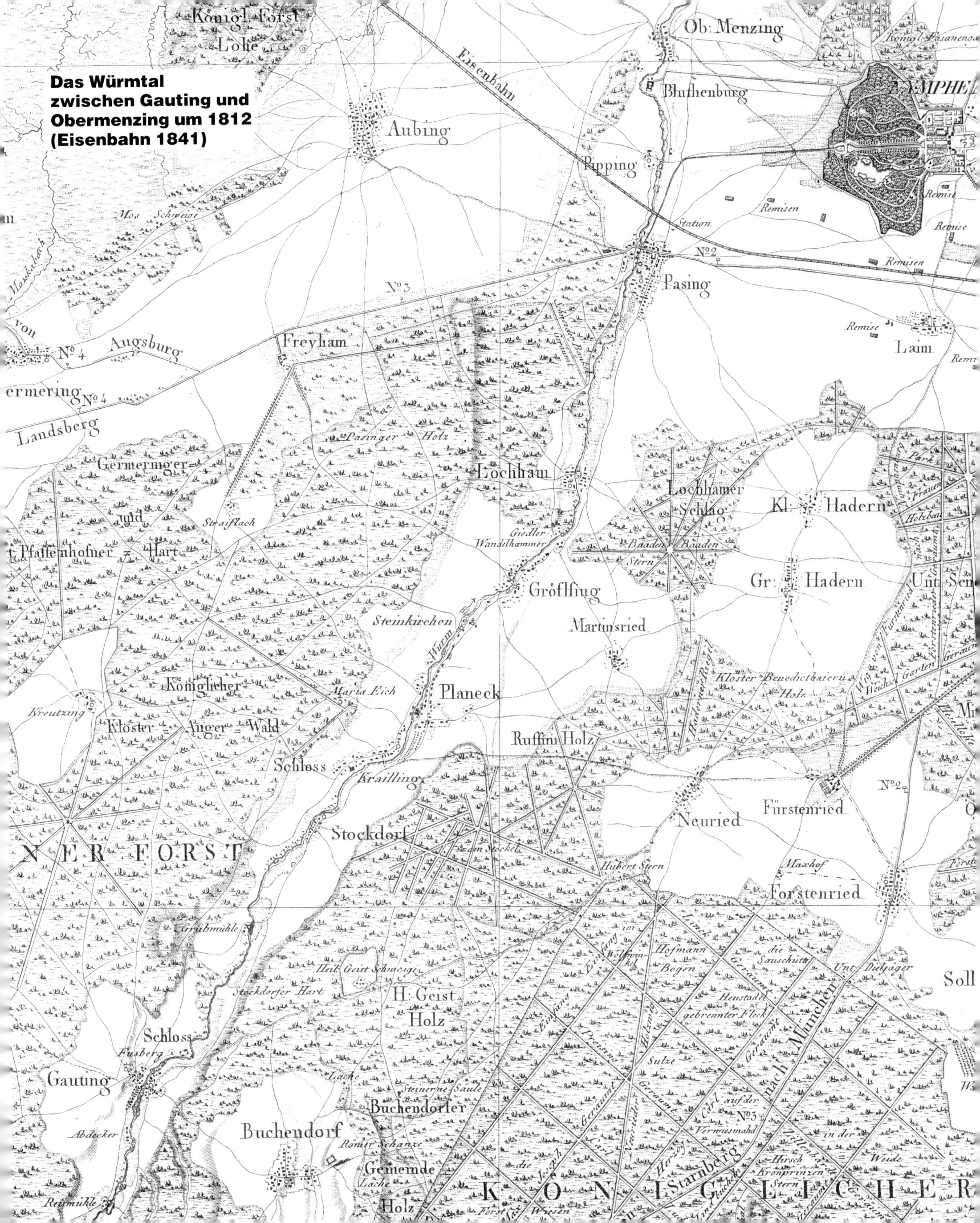

Das Würmtal zwischen Gauting und Obermenzing um 1812 (Eisenbahn 1841)

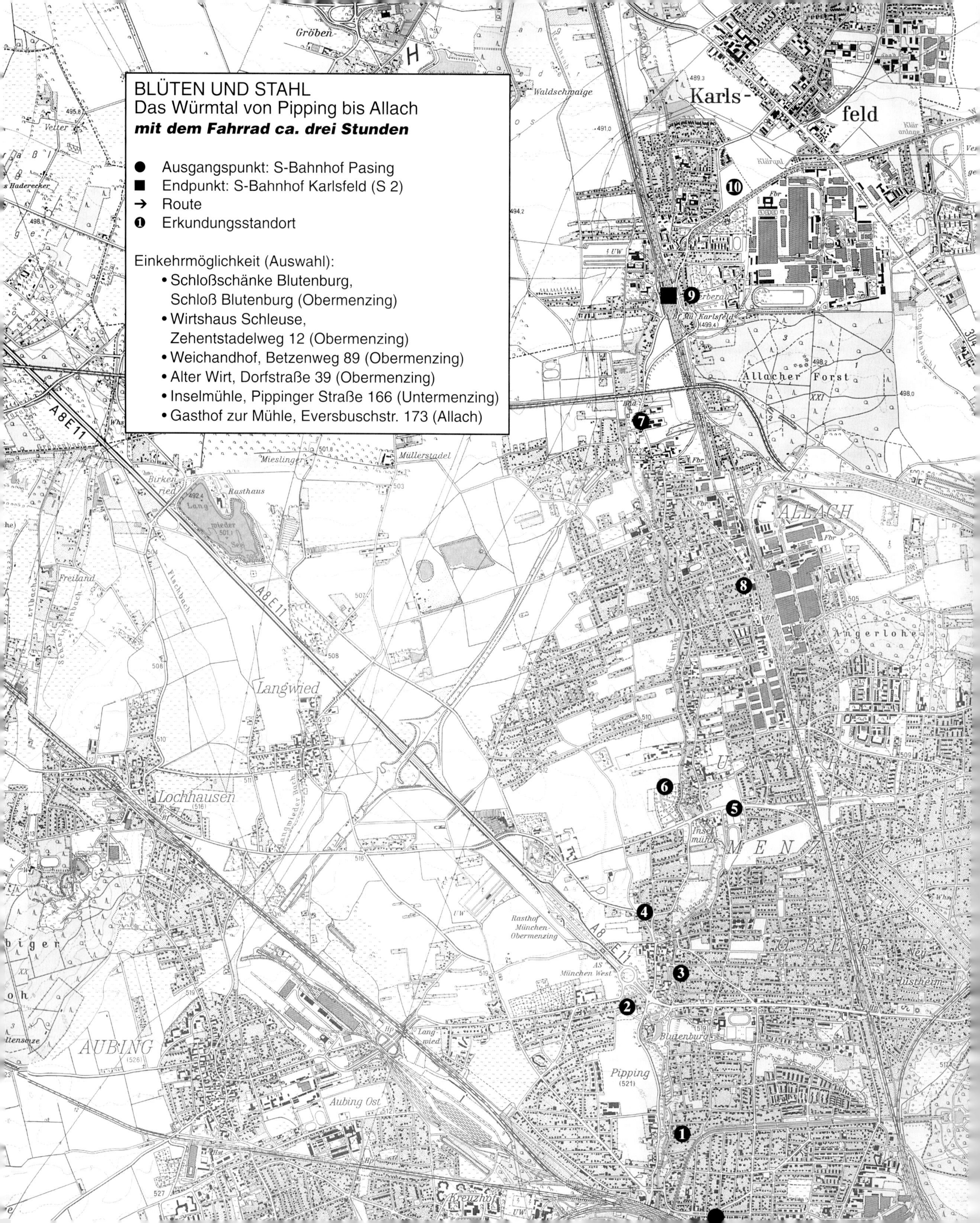
BLÜTEN UND STAHL
Das Würmtal von Pipping bis Allach
mit dem Fahrrad ca. drei Stunden
● Ausgangspunkt: S-Bahnhof Pasing
■ Endpunkt: S-Bahnhof Karlsfeld (S 2)
→ Route
❶ Erkundungsstandort
Einkehrmöglichkeit (Auswahl):
• Schloßschänke Blutenburg, Schloß Blutenburg (Obermenzing)
• Wirtshaus Schleuse, Zehentstadelweg 12 (Obermenzing)
• Weichandhof, Betzenweg 89 (Obermenzing)
• Alter Wirt, Dorfstraße 39 (Obermenzing)
• Inselmühle, Pippinger Straße 166 (Untermenzing)
• Gasthof zur Mühle, Eversbuschstr. 173 (Allach)
Gröben
Karls-
feld
Waldschwaige
Allacher Forst
ALLACH
Angerlohe
Müllerstadel
Mieslinger
Rasthaus
Langwied
Lochhausen
AUBING
Aubing Ost
Pipping
Blutenburg
Inselmühle
UNTER
MENZING
OBER
Rasthof München Obermenzing
AS München West
A8 E11
Freiland
Fischbach
Langwieder Bach
Krewzhof
1
2
3
4
5
6
7
8
9
10

BLÜTEN UND STAHL
Das Würmtal von Pipping bis Allach

Ausgangspunkt: S-Bahnhof Pasing

Pipping, Obermenzing, Untermenzing und Allach, die Siedlungen des mittleren Würmtals, sind trotz der Eingemeindung nach München im Jahre 1938 als ehemals eigenständige Gemeinden erkennbar geblieben. Dazu hat die Würm ihren Teil beigetragen. Bei den meisten Alpenflüssen mit zahlreichen natürlichen Zuläufen führten Gewittergüsse und die Schneeschmelze zu kurzzeitigem Hochwasser und der Zerstörung unbefestigter Brücken. Anders an der Würm: der Ausfluß des Starnberger Sees ist durch die Pufferfunktion des Sees sicher vor Überschwemmungen durch Hochwasser. Die älteren Anwesen in Pipping, Obermenzing, Untermenzing und Allach liegen daher fast ausnahmslos langgestreckt am westlichen oder östlichen Hochterrassenrand des Würmtals, verbunden durch alte Landstraßen zwischen Dachau und Pasing.
Die Orte des mittleren Würmtals sind dennoch nicht sicher vor Überschwemmungen, die durch Treibeis und Grundeis der Würm entstehen können. „Flußkorrekturen“ in den Jahren 1898/1899 und 1901 sollten den Würmtalbewohnern die Angst vor eisbedingten Überschwemmungen nehmen. Damals wurde die Würmaue zwischen Pasing und Karlsfeld von teilweise 60 – 80 Metern auf durchschnittlich sieben Meter zurückgedrängt. Die Würmlandschaft hat sich durch diese „Korrekturen“ verändert.
(Route: Vom Nordausgang des S-Bahnhofs Pasing nach links, den Hellihofweg und die Stormstraße entlang bis zum Schirmerweg und zur Würmbrücke vor St. Wolfgang in Pipping)

Pipping und die „Bauernstube des lieben Herrgotts“
Standort 1: Würmbrücke vor St. Wolfgang

Würmabwärts hinter Pasing liegt Pipping, ein ehemals kleiner Weiler mit Bauernanwesen und neuerer Wohnbebauung. Ein Vorgängerbau der Kirche St. Wolfgang scheint kurz nach 1315 erbaut worden zu sein. 1478 mußte der Kirchenbau der bis heute erhaltenen spätgotischen Kirche Platz machen. Pipping bildete mit einem Teil von Pasing sowie Ober- und Untermenzing die Hofmark Menzing mit Sitz in der Blutenburg.
An der Würmbrücke vor St. Wolfgang kreuzten sich lange Zeit Fußwege von München, Laim, Pasing und Allach mit Wegen von Aubing, Langwied und Lochhausen, was nicht nur von Vorteil war: Pipping mußte einen erheblichen Teil seiner Flur für den Ausbau der Schlösser, den Aufbau der Pasinger Villenkolonien und schließlich für die Trasse der Bahnlinie nach Lochhausen abtreten. Pipping blieb dabei ein kleiner Ort mit zwei Höfen im Jahre 1397 und acht Häusern im Jahre 1874. 1938 erfolgte die Eingemeindung nach München.
Die Kirche St. Wolfgang liegt auf einer kleinen Erhebung am Würmhochufer, bewußt herausgehoben aus der ländlichen Umgebung. Der Bau der überraschend reich ausgestatteten Kirche war eng mit dem Ausbau von Schloß Blutenburg durch Herzog Sigismund verbunden. Sigismund hatte 1467 seinem Bruder Albrecht IV. die Regierung des Teilherzogtums Bayern-München überlassen und sich auf das Jagdschloß Blutenburg zurückgezogen. Albrecht hatte dadurch die Möglichkeit, die Münchner und Landshuter Linie der Wittelsbacher zusammenzuführen und das Herzogtum Bayern wieder zu vereinen. Das gelang im Jahre 1506.
Der Rückzug Sigismunds war nur politischer Art. Als einer der großen Mäzene aus dem Hause Wittelsbach förderte er Literatur, Musik und Kunst. Der Bau der Münchner Frauenkirche war um 1479 wegen „Erschöpfung der finanziellen Mittel“ ins Stocken geraten. Damals soll Sigismund die Bauhütte der Frauenkirche zur Errichtung von St. Wolfgang nach Pipping gebracht haben. Der Bau wurde wohl 1480 eingeweiht und diente Sigismund bis zur Errichtung der Blutenburger Schloßkapelle acht Jahre später als „Hofkirche“. Gegenüber der höfisch-strengen Feierlichkeit der Schloßkapelle wirkt St. Wolfgang wie die „Bauernstube des lieben Herrgotts“. Das Prunkstück der Kirche ist die zierliche Chorkapelle mit Rippengewölben und einem spätgotischen Hochaltar von 1480. Darin wird der Kirchenpatron St. Wolfgang unter einem Lauben-Baldachin mit Vögeln dargestellt.
(Route: Am östlichen Würmufer den Schirmerweg entlang würmabwärts bis zum Schloß Blutenburg)

Schloß Blutenburg
Standort 2: Innenhof der Schloßanlage

Unter dem Herrenhaus des Schlosses fanden Archäologen den Stumpf eines Turmes. Er wird als Teil einer frühen Burganlage, möglicherweise der Herren „de Mencingin“ gedeutet. 1432 bezeichnete eine Urkunde den Adelssitz als „Plüdenberg“ (= Blütenburg). Er war damals im Besitz der Wittelsbacher.

Die „Blütenburg“ bestand ursprünglich nur aus dem Herrenhaus, das nahezu rechtwinklig von einer Wehrmauer und vier Ecktürmen umgeben war. Im 15. Jahrhundert erwarben die Herzöge von Bayern neben dem Herrenhaus der „Blütenburg auch burgnahe Ländereien.

Bis 1435 war das Jagdschloß Blutenburg Treffpunkt und Liebesnest des nachmaligen Herzogs Albrecht III., des „Liebhabers zarter Frauen“ und der Agnes Bernauer, der „Frau aus dem Volk“ oder sehr despektierlich: der „Badehur“. Die Verbindung war nicht standesgemäß. 1431 wurde dennoch die Ehe geschlossen. Da Agnes Bernauer am Münchner Hof nicht geduldet wurde, traf sich das Paar in der Blutenburg. Die Ehe endete tragisch: 1435 wurde „die Bernauerin“ auf Geheiß ihres Schwiegervaters von der Donaubrücke in Straubing in den Tod gestürzt.

Albrecht III. baute das Jagdschloß bis 1439 zu einem Wasserschloß, Landsitz und ökonomisch lebensfähigen Mittelpunkt der Hofmarkherrschaft Menzing aus. Östlich des Hauptbaus entstanden das “Äußere Schloß“ mit Saal- und Wirtschaftsbauten sowie der Pförtnerbau und der Torturm. Ein Würmarm wurde grabenartig um das Schloß herumgezogen und zum Weiher vergrößert.

Herzog Sigismund schließlich vollendete den Bau des Schloßkomplexes und ließ als Aufwertung ohnegleichen 1488 die Schloßkapelle errichten. Sie ist mit bedeutenden Meisterwerken der Spätgotik höchst kostbar ausgestattet. Verhältnismäßig große Fenster sorgen im saalartigen Innenraum der Kapelle für große Helligkeit. Die tief heruntergezogenen spätgotischen Netzgewölbe erinnern an einen Rittersaal. Große Holzfiguren gliedern die Wände des weißgestrichenen Raums mit Darstellung der zwölf Apostel, Christus und Maria. Sie zählen zu den wichtigsten Werken der Münchner Plastik im Umkreis Erasmus Grassers. Ein Triumphbogen trennt hoheitsvoll das Kirchenschiff vom Altarraum und leitet über zu den Altären Jan Polacks, Hauptwerken der spätgotischen Tafelmalerei im Münchner Raum. Der Hauptaltar zeigt bei geschlossenen Flügeln die Heiligen Bartholomäus und Sigismund sowie die Stifterfigur des Herzogs. Im geöffneten Zustand erscheint auf dem linken Flügel die Taufe Christi, auf dem rechten die Krönung Mariens. Auf dem Thron finden sich Gestalten der Dreifaltigkeit. Das Mittelbild zeigt den Gnadenstuhl. Die Nebenaltäre zeigen Christus als König unter Heiligen und die Verkündigung Mariens.

1663 schenkte Kurfüst Ferdinand Maria seiner Gemahlin Henriette Adelaide von Savoyen die Hofmarken Menzing und Kemnaten (Nymphenburg). Das Zentrum der Herrschaft wurde in Nymphenburg errichtet, die Blutenburg vernachlässigt. Die nachfolgende Kurfürstin Therese Kunigunde erhob die Blutenburg zum privaten Sitz nahe der Sommerresidenz des Hofes in Nymphenburg. Diese Zusammenhänge verdeutlicht die barocke Sichtachse „Durchblick“ zwischen Schloß Nymphenburg und der Blutenburg. Nach dem Tod der Kurfürstin war die große Zeit der „Blütenburg“ vorbei. Die Besitzer wechselten in rascher Folge, die Blutenburg wurde Gaststätte und Ausflugslokal, Schießstätte, Sitz der Englischen Fräulein, Wirtschaftsgut des dritten Ordens des Nymphenburger Krankenhauses und beherbergt seit 1983 die Internationale Jugendbibliothek.

(Route: Dem Schirmerweg bis zur Fußgänger- und Radlerunterführung der Verdistraße folgen, dahinter geradeaus zum Betzenweg, dort nach links über die Würm, auf dem Zehentstadelweg würmaufwärts zurück zum Wirtshaus 'Schleuse')

Obermenzing – Dörfliches Ambiente am Rande der Großstadt

Standort 3: Bei der ehemaligen Obermühle

Die Bezeichnung Obermenzing entstand zur Unterscheidung von der würmabwärts liegenden Ortschaft Untermenzing. Die erste Erwähnung eines Ortes namens „Menzinga“ findet sich nach 782. Fundgegenstände aus der Bronzezeit lassen vermuten, daß hier, wie an anderen durchquerbaren Flußstellen der Würm, altes Siedelland liegt.

Die „Obermühle“ in Obermenzing (heute Wirtshaus „Schleuse“) wurde 1397 in einer Urkunde erwähnt. Von 1441 – 1676 zählte die Mühle zum Menzinger Hofmarkbesitz. Die Ableitung von Würmwasser in den Nymphenburg-Biedersteiner-Kanal entzog der Untermühle nach 1701 einen Teil der benötigten Wasserkraft. Das Ableitungswehr des Nymphenburg-Biedersteiner-Kanals versperrt seither großen Wallern und Hechten bei Hochwasser den Weg vom Starnberger See ins mittlere und untere Würmtal. Das Fischrecht des Obermüllers hatte damals seine Bedeutung verloren. Die reduzierte Wassermenge der Würm führte zur Stillegung einzelner Mahlgänge, zu Streitigkeiten um Entschädigungsgelder und schließlich zur gesamten Stillegung. 1920/21 erfolgten die Umgestaltung zur modernen Kunstmühle und der Ausbau zur Bäckerei. 1963 wurde der Betrieb der Mühle und Bäckerei für immer eingestellt.

1978 zog neues Leben in die Räume der ehemaligen Bäckerei: das Wirtshaus „Schleuse“ wurde eröffnet. Der Grill- und Biergarten des Wirtshauses liegt direkt an der Würm, im „Kapellengarten". Die " Kapelle" des Gartens war eine Ziegelmauernische mit einem überlebensgroßen „Heiland an der Martersäule.

(Route: Würmabwärts zurück zum Betzenweg und weiter zur Dorfkirche St. Georg)

Dorfkirche und Dorfgasthaus

Standort 4: An der Dorfstraße vor St. Georg

Im Zentrum von Obermenzing steht die mehrfach erweiterte im Kern jedoch spätromanische Dorfkirche St. Georg. Sie wird von einer früher wohl wehrhaft ausgebauten Friedhofsmauer umgeben. Einige Bauernhöfe in der Nähe und das Garten-Restaurant ‚Weichandhof' südlich der Dorfkirche geben Obermenzing ein dörflich angehauchtes Ambiente.
Der Gasthof ‚Alter Wirt' ist im Kern eine der letzten erhaltenen Dorfgastwirtschaften Münchens. Ein ‚Alter Wirt' existierte bereits 1417. Zur Zeit der Errichtung des ersten Wirtsgebäudes führte durch Obermenzing eine Nebenstrecke der für die Entwicklung Münchens im Mittelalter bedeutsamen Salzstraße. Beim „Alten Wirt" zechten und nächtigten Händler, Ausflügler sowie fürstliche Jagdgäste, Hofbeamte und Diener des nahen Schlosses Blutenburg. Die Bedeutung des Wirtshauses nahm 1725 schlagartig ab, nachdem der direkte Verkehrsweg von München nach Obermenzing wegen der Ausdehnung des Nymphenburger Schloßparks und der Errichtung der Parkmauer geschlossen worden war.

(Route: Von St. Georg zum Wildweg, diesem am Westufer der Würm würmabwärts und immer in Würmnähe folgen, durch Grünanlagen bis zur Inselmühle an der Pippinger Straße 166, nahe der Kreuzung mit der Von-Kahr-Straße)

Untermenzing und die Inselmühle

Standort 5: Pippinger Straße 166

Untermenzing wird in Urkunden des 9. Jahrhunderts erwähnt. Am südlichen Ortsrand liegt die Untermenzinger Inselmühle (Pippinger Straße 166), ein Baukomplex mit Hotel, Restaurant und Biergarten, der als „Untermühle" 1445 in einer Urkunde erwähnt wurde. Die Mühle war im Mittelalter ein erbliches Ritterlehen und zählte lange Zeit zum Menzinger Hofmarkbesitz. 1887 erfolgte der Umbau zur Kunstmühle und 1923 die Aufgabe des Mühlbetriebs zugunsten einer bürgerlichen Gaststätte und eines „Familienbades", 1985 erfolgte die Umgestaltung zum Restaurant mit Hotel. Auf der Würminsel wurde zeitweise ein „Familienbad" betrieben, das schließlich dem reizvoll gelegenen Biergarten Platz machen mußte. Der Wasserkraftantrieb der Mühle diente von 1971–77 zur Herstellung von Stangeneis.

(Route: Die Von-Kahr-Straße bei der Ampel auf Höhe der Inselmühle überqueren und nach links in die Eversbuschstraße einbiegen, an dieser bis zur Dorfkirche St. Martin)

Die Untermenzinger Dorfkirche St. Martin

Standort 6: Würmsteg westlich St. Martin

Holzstege über die Würm verbinden den Ortskern um die Dorfkirche St. Martin mit dem neuen Friedhof westlich der Würm. Die Marmorfigur des Brückenheiligen St. Nepomuk beim gedeckten Holzsteg an der Würm hinter der Kirche stammt aus dem 18. Jahrhundert. Die Dorfkirche war um 1499 mit Unterstützung des baufreudigen Herzogs Sigismund errichtet worden, wie zuvor auch St Wolfgang in Pipping und die Blutenburger Schloßkapelle. Auf dem Friedhof finden sich Gräber alteingesessener Untermenzinger Familien. Noch 1808 gab es nur 32 bewohnte Gebäude im Ort. Auch Untermenzing mußte sich 1938 der verordneten Eingemeindung zu München beugen.

(Route: Durch den Friedhof (Rad schieben), über den Holzsteg zum westlichen Würmuferweg, dem würmabwärts ein gutes Wegstück bis zur Kleselstraße nördlich der ehem. Allacher Mühle folgen; dort nach rechts bis zur Eversbuschstraße, an dieser nach links zur Kirche St. Peter und Paul)

Allach – Dorf und Industriestandort

Standort 7: Dorfkirche St. Peter und Paul

Bei Allach, dem ehemaligen Dorf am „lichten Wald am Fluß", geht die karge Münchner Schotterebene in Heideland über. Reste des früher geschlossenen von Allach bis in die Aubinger Lohe und Echinger Lohe reichenden Lohwaldgürtels, haben sich im Allacher Forst und in der Angerlohe östlich des Bahnhofs in Allach erhalten.
Die Entdeckung von über 350 bajuwarischen Reihengräbern in der Nähe des heutigen Bahnhofs Allach belegt eine Besiedlung des Würmortes im 7. Jahrhundert. Mittelpunkt der Siedlung ist die Kirche St. Peter und Paul. Der Friedhof wurde mehrfach und zuletzt bis zur Würm hin erweitert.
Im 19. Jahrhundert wurde Allach zum Straßendorf ausgebaut. Leitlinie der Siedlungserweiterung war die heutige Eversbuschstraße. Südlich der Kirche stehen seither die meisten älteren Gebäude in einer relativ geschlossenen Reihung mit der Giebelseite zur Eversbuschstraße und bestimmen das ein-

heitliche Erscheinungsbild der ehemaligen Dorfstraße.

(Route: Die Eversbuschstraße nach Süden zurück bis zur Ludwigsfelder Straße, in diese nach links einbiegen und gleich darauf nach rechts in die Georg-Reismüller-Straße, dieser bis zum Bahnhof folgen)

Industrieansiedlung

Standort 8: Bahnhof Allach

Der 1867 aufgenommene Betrieb der Bahnlinie München-Ingolstadt mit einer Bahnstation in Allach hat eine bedeutende Industrieansiedlung ermöglicht und den Ort an der Würm entscheidend verändert. Das Ostufer der Würm wurde unwiederbringlich verbaut und den „Wald an der Aue“ muß man lange in Allach suchen, bis man Reste davon im Allacher Forst und in der Angerlohe findet. In Bahnhofsnähe sowie im Norden an der Stadtgrenze zu Karlsfeld bestimmen Industriebauten von Großunternehmen wie Krauss-Maffei, der Maschinenfabrik Augsburg-Nürnberg (MAN), der Motoren und Turbinen-Union München (MTU), der Nahrungsmittelfabrik Diamalt AG und großdimensionierte Schienenwege sowie Straßenbauten das Erscheinungsbild von Allach.

Das bekannteste Industrieunternehmen in Allach ist Krauss-Maffei. Die „Lokomotiven- und Maschinenfabrik Georg Krauss & Comp.“ begann um 1900 Grundstücke in Allach zu erwerben. Mit Teilhabern baute Krauss in Nähe des Bahnhofs bis 1908 die Bayerische Stahlgießerei GmbH auf. 1931, während der Weltwirtschaftskrise, fusionierten schließlich die Lokomotiven- und Maschinenfabriken „Krauss und Comp.“ und „J. A. Maffei“. Unter dem Namen Krauss-Maffei bezog das Unternehmen bis 1937 ein später noch vielfach erweitertes Werksgelände nahe der Stahlgießerei. Im Werk Allach produzierte Krauss-Maffei Lokomotiven und Halbketten-Zugmaschinen für die Reichswehr und später für die Wehrmacht. 1942 war bei der „Rüstungsschmiede“ Krauss-Maffei der höchste Beschäftigungsstand erreicht: 8849 Mitarbeiter, darunter 3543 dienstverpflichtete Ausländer. Nach dem Krieg konnte die traditionelle Produktion von Lokomotiven über Exportaufträge nach Indien wieder angekurbelt werden. Seit Sommer 1988 werden an der Würm die Triebköpfe für den deutschen Hochgeschwindigkeitszug ICE in Serie gefertigt.

(Route: Zurück zur Kirche St. Peter und Paul an der Eversbuschstraße, von dort nach Norden am Allacher Sommerbad vorbei und unter der Bahnstrecke hindurch, dahinter links halten, Richtung Bahnhof Karlsfeld)

Am nördlichen Ortsrand von Allach lädt das Allacher Sommerbad zum Bad an der Würm ein.

Autobahnring München

Standort 9: beim Bahnhof Karlsfeld

Zwischen Allach und Karlsfeld versuchen die Stadt München und der Freistaat Bayern seit Mitte der 30er Jahre den Autobahnring um München zu schließen. Über den Verlauf der Trasse von Feldmoching zur Autobahnanschlußstelle Eschenlohe oder Langwied und neuerdings auch Freiham herrscht Uneinigkeit. Als Monument der Unumkehrbarkeit der Entscheidung für die Fertigstellung des Autobahnrings wird gegenwärtig der 1990 begonnene Bau des knapp einen Kilometer langen Allacher Tunnels gesehen. Er steht, nahezu fertig, jedoch ohne Anschluß im Gelände.

(Route: Bis zum Bahnhof Karlsfeld, durch die Bahnhofsunterführung und dann nach links in die Straße 'Am Schwabenbächl' bis zur Kreuzung mit der Vogellohstraße nahe der Würmkanalbrücke)

Das „Hauser Schloß“

Standort 10: Am Würmkanal

Für die Industrieansiedlung in Allach waren insbesondere am Ende des 19. Jahrhunderts umfangreiche Grundstücksverkäufe ehemals landwirtschaftlich genutzter Äcker und Wiesen erforderlich. Durch die Rodung ausgedehnter Waldareale wurde weiteres Bauland erschlossen. Bauern, wie der Hauser Lenz, kamen durch diese Grundstücksverkäufe zu viel Geld und zeigten das auch. Unmittelbar am Würmkanal nach Schleißheim und an der Stadtgrenze ließ sich Hauser 1899/1900 einen schloßartigen Bau im pompösen neugotischen Baustil des Historismus errichten (Vogellohstr. 48a).

(Route: An der Vogellohstraße bis zum Betriebsgelände der MAN. Das „Hauser Schloß“ liegt für die Öffentlichkeit unzugänglich am Würmkanal. Zwischen den Wohnblocks sind nach links „Durchblicke“ zum „Schloß“ möglich; zurück zum Bahnhof Karlsfeld)

Das „Hauser Schloß“ wird heute von der Maschinenfabrik Augsburg-Nürnberg (MAN) als Gästehaus genutzt. Der dichte Laubbaumbestand im Park verdeckt von Ostern bis zum Herbst den interessanten Baukomplex.

Endpunkt: S-Bahnhof Karlsfeld

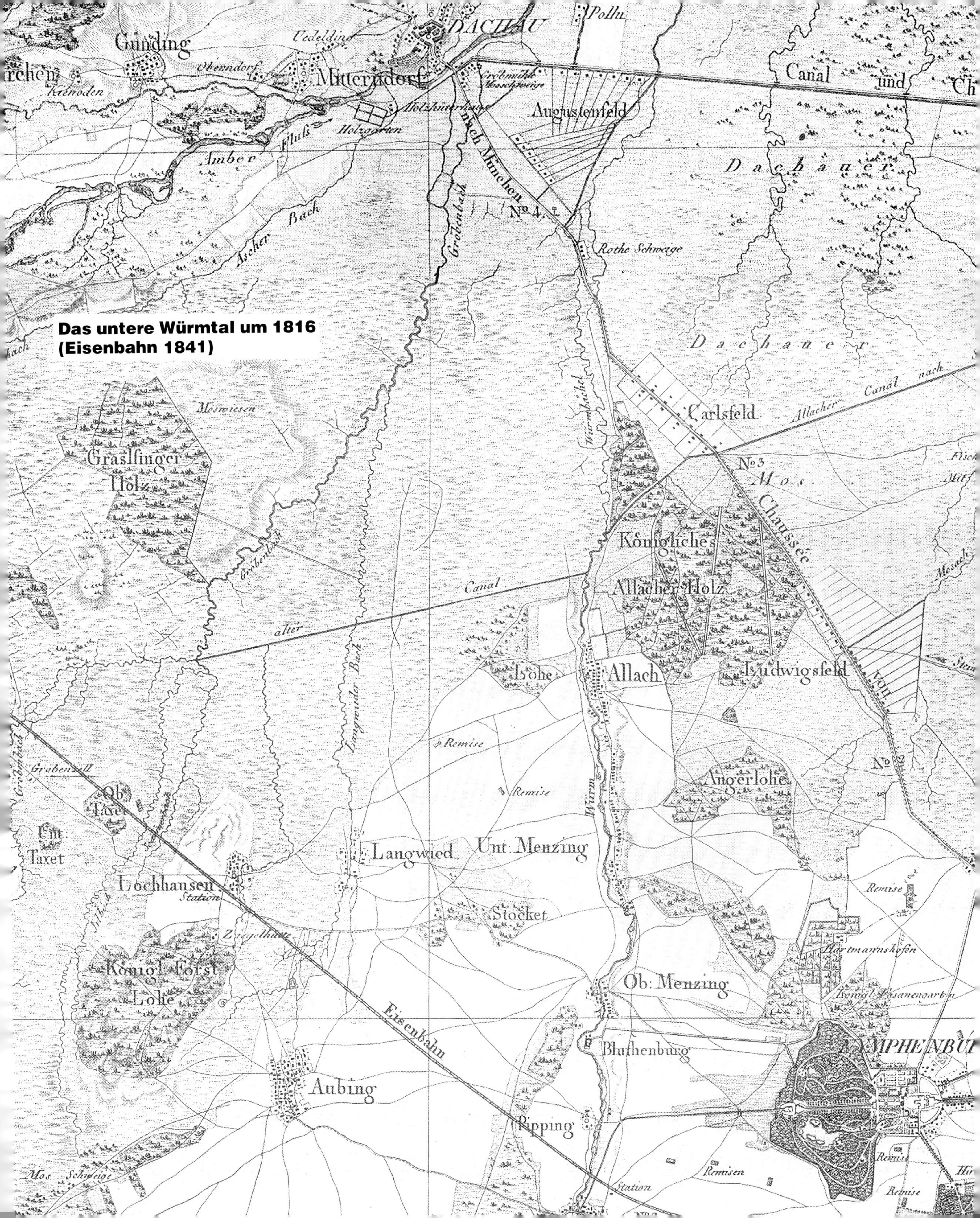

Das untere Würmtal um 1816
(Eisenbahn 1841)

IM DACHAUER MOOS
Die fast verlorene Landschaft

mit dem Fahrrad ca. drei Stunden
mit Fußwanderung durch die KZ-Gedenkstätte fünf Stunden

● Ausgangspunkt: S-Bahnhof Karlsfeld (S 2)
■ Endpunkt: S-Bahnhof Walpertshofen (S 2)
➔ Route
❶ Erkundungsstandort

Einkehrmöglichkeit (Auswahl):
- Gaststätte Alter Wirt, Münchner Straße 159 (Karlsfeld)
- Hotel/Restaurant Hubertus, Münchner Straße 7 (Karlsfeld)
- Gasthaus Wallner (Prittlbach)

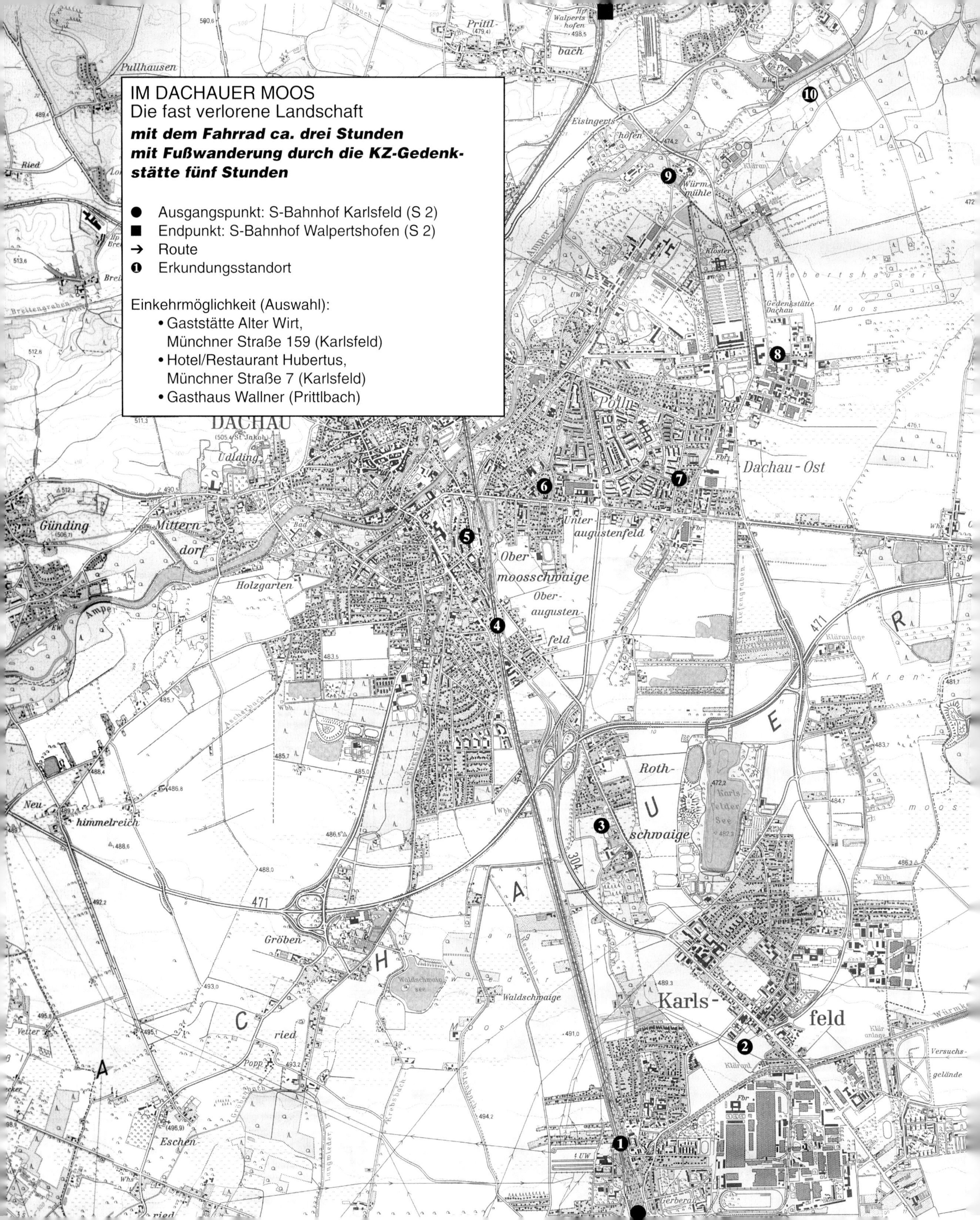

IM DACHAUER MOOS
Die fast verlorene Landschaft

Ausgangspunkt: S-Bahnhof Karlsfeld

Das Dachauer Moos entstand am Ende der letzten Eiszeit vor rund 10 000 Jahren. Das Niedermoor entwickelte sich in einer Senke zwischen dem nördlichen Rand der Münchner Schotterebene und dem Dachauer Hügelland. In diesem Gebiet tritt Niederschlags- und Grundwasser aus, das auf der Münchner Schotterebene fast vollständig bis zum Flinz, einer wasserstauenden Schotterunterlage, versickert. Einer Barriere gleich behindert das Sand-Mergel-Ton-Gemisch des Dachauer Hügellandes den weiteren Abfluß in Gefällerichtung. Das Wasser tritt verdunstend an die Oberfläche und speist kleine wasserreiche Bäche, die einen Weg durch das Moos zur Amper gefunden haben. Auf der Flinzschicht lagerten sich über einen langen Zeitraum abgestorbene Pflanzenreste ab. Sie bildeten nach und nach eine mächtige Torfschicht mit Kalkablagerungen durch Wasserverdunstung, die längst abgebaut wurde.
Das Dachauer Moos reichte ursprünglich von der Münchner Stadtgrenze bis an die Amper, nach Westen bis Germering und nach Osten bis nach Freising. Das Niedermoor bedeckte eine Fläche von 40 000 Hektar. Das Dachauer Moos ging fast verloren. Entwässerungsgräben entzogen ihm das aufgestaute Wasser, Kolonisten und Brauereien nahmen den Torf, die Bodendüngung ermöglichte eine Wandlung der Feuchtwiesen zu Ackerland, die Eisenbahn erschloß das Moos und lud Siedler ein, sich im ehemals einsamen Moos dauerhaft niederzulassen.
(Route: Vom Bahnhof Karlsfeld nach links in die Straße „Am Schwabenbächl" bis zur Würmbrücke)

Würmkanal nach Schleißheim
Standort 1: Auf der Karlsfelder Würmbrücke

Diese Entwicklung begann im frühen 17. Jahrhundert, als der Würmkanal von Karlsfeld nach Schleißheim gegraben wurde. Er versorgte die Mühlen beim Alten Schloß Schleißheim und später auch das Kanalsystem im Schleißheimer Schloßpark mit Wasser. Er nahm einzelnen Moosbächen das Wasser und trug Transportkähne mit abgebautem Torf.
Die Würm wird bei der Karlsfelder Würmbrücke, an der Stadtgrenze Münchens um die Hauptmasse ihres Wassers gebracht. Das Wehr lenkt 4 – 5,5 m^3/s Würmwasser in den Würmkanal, der es dem Schleißheimer Schloßpark zuleitet. Die Würm bleibt als ein vergleichsweise kleines Bächlein übrig, das bei Hebertshausen in die Amper mündet.
(Route: Dem Würmkanal nach rechts folgend über die Straße 'Am Schwabenbächl' und die Kanalbrücke, auf dem Weg am Kanal bis zur Dachauer Straße, dort nach links zur Kreuzung Dachauer Straße / Münchner Straße)

Ehemalige Mooskolonie Karlsfeld
Standort 2: Dachauer Straße / Münchner Straße

Die bayerischen Kurfürsten förderten die systematische Kultivierung und Besiedlung des Dachauer Mooses nach Kräften. 1801 und 1802 wurden die Moossiedlungen Ludwigsfeld, Karlsfeld und Augustenfeld planmäßig angelegt und nach Kindern des Kurfürsten Max IV. Joseph benannt, nach dem Kronprinzen Ludwig (dem späteren König Ludwig I.), sowie nach dem Prinzen Carl und Prinzessin Auguste. Durch neue rechtliche Bestimmungen war der Erwerb von privatem Bodeneigentum im Dachauer Moos möglich geworden.
Die Mooskolonie Karlsfeld entstand 1802 nördlich von Ludwigsfeld zwischen dem Würmkanal und der Würm mit zunächst zwölf Häusern. Durch die Nähe zur Bahnstrecke München-Ingolstadt nahm die Einwohnerzahl im 19. Jahrhundert zu. Die Industrieansiedlung im nahen Allach verstärkte den Zuzug. Karlsfeld wurde 1939 schließlich selbständige Gemeinde. Die Kolonistenhäuser sind lange schon aus dem Ortsbild verschwunden. Nur noch einige eingeschossige Bauernhäuser der 2. Kolonistengeneration finden sich an den Rändern des ehemaligen Straßendorfes Karlsfeld zwischen dem Würmkanal und der neugotischen Kapelle St. Maria und Josef (Münchner Straße 160).
Die Gebäude der Mooskolonisten waren ebenerdige, eingeschossige Häuser. Jedes Kolonistenhaus verfügte über drei bis vier kleine Wohnräume sowie Stall und Scheune. Im Stall der kleinbäuerlichen Anwesen standen selten mehr als drei Kühe. Die Bausteine wurden von Ziegeleien des Dachauer Landes bezogen. Der durchschnittliche Grundbesitz lag damals bei 14 Tagwerk (etwa fünf Hektar). Die Hauptlast der Starthilfe trug der Staat. Er finanzierte den Ankauf von Lebensmitteln und Heu, schaffte Kalk, Eichenstämme, Pflüge und Eggen heran und stellte Arbeitspferde samt Geschirr und Wagen zur Verfügung. Die Mooskolonien entwickelten sich dennoch nur langsam. Hirsche fraßen die Saat und im Frühjahr

trat wiederholt Wasser aus dem Würmkanal in die Felder der Kolonien aus. Zu beneiden waren die Kleinbauern und Torfstecher im Dachauer Moos zu keiner Zeit.
War der im Moos abgebaute Torf ursprünglich nur Ersatz und arbeitsintensiv herzustellende „Kohle der Armen“, so wurde er durch den maschinellen Großabbau zum „Schwarzen Gold“. Zunächst kauften Münchner und Dachauer Bürger den Torf und heizten damit im Winter ihre Häuser. Dann entdeckten die Brauereien aus München, Freising und Dachau die Torfverfeuerung für ihre Zwecke und bezogen aus dem Dachauer Moos gewaltige Mengen, die mit der neuerrichteten Eisenbahn leicht verschickt werden konnten.
(Route: An der Münchner Straße weiter nach Norden, am Anfang der Autobahnzufahrt geradeaus weiter bis zur Fortsetzung der Münchner Straße, bei der Würmbrücke der Münchner Straße liegt das Gut Rothschwaige)

Die Rothschwaige

Standort 3: Würmquerung Münchner Straße

Bedeutend älter als die Mooskolonien Karlsfeld und Augustenfeld ist die Siedlung Rothschwaige. Die heutige Münchner Straße war im Mittelalter ein bedeutender Handelsweg geworden, an dem die Rothschwaige im 15. Jahrhundert als viehwirtschaflich orientierter Betrieb gegründet wurde. Bis um 1900 bestand die Rothschwaige aus einem einzigen Anwesen, dem Schwaigbetrieb. Erst allmählich entwickelte sich eine Siedlung um die Schwaige und wurde schließlich der Gemeinde Karlsfeld angegliedert. Die Verwalter und Besitzer der Rothschwaige zählten immer zu den reichsten Bauernfamilien des Dachauer Hinterlandes.
Der Name Rothschwaige wird mit dem Indersdorfer Probst Johannes Rothuet in Verbindung gebracht. Das Kloster Indersdorf besaß bei der Rothschwaige eine Wegekapelle mit Wald und Grundbesitz, die der Sage nach im frühen 12. Jahrhundert entstanden sein soll: Der jüngere Sohn der Gräfin zu Dachau, Beatrix, hielt sich im Jahr 1127 im großen Wald um Dachau zur Jagd auf. Dabei wurde er nur von seinem Hund begleitet. Mörder überfielen den einsamen Jäger in der Gegend um die Rothschwaige, schlugen ihm die rechte Hand ab und brachten ihn schließlich auf grausame Weise um. Der treue Hund brachte die abgeschlagene Hand seines Herrn im Maul tragend in das Schloß Dachau und legte sie der Gräfin zu Füßen. Daraufhin wurde der Leichnam gefunden. Die Wegkapelle entstand zur Erinnerung an den Mord. 1802, im Jahr der Säkularisation, wurde sie abgebrochen.
(Route: Am Ortsende dem Schild „Dachau“ nach links folgen, über die kleine Moosbachbrücke zur B 474, diese unterqueren, weiter nach Norden bis zur Shell-Tankstelle, dort nach rechts abbiegen bis zur Augustenfelder Straße, in diese nach links einbiegen und weiter bis zur Bahnunterführung)

Ehemalige Mooskolonie Oberaugustenfeld

Standort 4: Augustenfelder Straße

Am 1. Oktober 1801 verkündete ein kurfürstliches Patent, daß im Galgenmoos bei Dachau zwölf Familien aus dem Bayerischen Wald angesiedelt werden, die Mooskolonie solle Augustenfeld heißen. Es sollte eine Mustersiedlung werden, und so mußten die Häuser aus Ziegel erbaut werden. Gut die Hälfte der 15 000 benötigten Ziegel lieferte die Ziegelei der Klosterhofmark Indersdorf. Das restliche Baumaterial bezog der Dachauer Landrichter als beauftragter „Bauherr“ aus den Ruinen des Münchner Franziskaner- und Kapuzinerklosters, aus anderen in der Gegend abgebrochenen Kirchen, Kapellen und aus dem zerstörten Galgenbau in Dachau. Die Mooskolonie setzte sich aus zwei Straßendörfern zusammen, aus Oberaugustenfeld nahe der alten Landstraße zwischen München und Dachau sowie aus Unteraugustenfeld an der Chaussée von Dachau nach Schleißheim.
In nur 216 Tagen wurden 14 Häuser entlang der heutigen Augustenfelder Straße (Oberaugustenfeld) und der Schleißheimer Straße (Unteraugustenfeld) erbaut. Sie konnten im Sommer 1802 bezogen werden. Die Mooskolonie im Galgenmoos wurde 1939 Bestandteil der Stadt Dachau. Der Name Galgenmoos erinnert an den Dachauer Galgenplatz, der sich an der Stelle des heutigen Dachauer Bahnhofsvorplatzes befunden haben soll.
(Route: Die Augustenfelder Straße weiter bis zur Bahnunterführung, von dort nach Dachau, an der Bahnhofstraße entlang nach rechts zum Bahnhofsvorplatz)

Dachau und die Dachauer Künstlerkolonie

Standort 5: Bahnhofsvorplatz

Dachau wird in einer auf das Jahr 805 datierten Urkunde erwähnt. Die Anhöhe über der Amper verlockte schon früh zur Ansiedlung und zur Anlage einer Burg. Im späten 12. Jahrhundert erwarb das aufstrebende Haus Wittelsbach die Burg. Die Wittelsbacher Herzöge machten Dachau zum Sitz eines Landgerichts,

dessen Zuständigkeit weit in das heutige Münchner Stadtgebiet hineinreichte.
Die Entwicklung Dachaus zum regional bedeutsamen Marktort hing mit einer quer durch das Dachauer Moos, Richtung München verlaufenden Landstraße zusammen, von der ein Strang bei der Würmmühle östlich von Dachau die Würm und Amper querte. Im 12./13. Jahrhundert nahm die Bedeutung der Landstraße durch das Dachauer Moos zu, nachdem die alte Salzhandelsstraße nach Augsburg vor München umgeleitet worden war. Die Salzstraße passierte die Isar nicht mehr bei Föhring, sondern bei München und führte von dort Richtung Pasing weiter. Manche Fuhrleute wollten jedoch nach Verlassen des westlichen Stadttores in München wieder auf die alte Salzstraße über Moosach, Allach und die Brücke bei der Würmmühle und wählten den Weg durch das Dachauer Moos.
Im 16. Jahrhundert wurde Schloß Dachau zum bevorzugten Landsitz des Münchner Hofes, bevor die glanzvollen Anlagen in Nymphenburg und Schleißheim entstanden. Die Hochlage mit freiem Blick über das Land bis hin zu den Alpen wurde immer wieder gerühmt. In der zweiten Hälfte des 19. Jahrhunderts erfolgte eine Ausdehnung des Ortes nach Süden über die Amper. Den Anstoß dafür gab vor allem der Bau der Bahnlinie München-Ingolstadt um 1868.
Zu jener Zeit war das Dachauer Moos längst nicht mehr jene unwirtliche Gegend, die es über Jahrhunderte gewesen sein muß. Dennoch erschienen die prächtige Pflanzen- und Tierwelt, die Weite des Raums und die fast mystischen Nebelstimmungen den aus Städten kommenden Malern als märchenhaft und unwirklich. Der Galeriedirektor und spätere Professor für Landschaftsmalerei Johann Georg Dillis aquarellierte bereits 1834 Dachauer Landschaften. Mitte der 50er Jahre griffen befreundete Maler seine Anregungen auf und zogen immer häufiger ins Dachauer Moos zum Malen. Zwischen dem Gröbenbach, der Münchner Straße und der (heutigen) Johann-Pflügler-Straße entstand die Künstlerkolonie Dachau. Die Glanzzeit der Künstlerkolonie südlich von Dachau währte von 1880 bis zum Ausbruch des Ersten Weltkriegs. Dann endete der Traum vom ungestörten Künstleridyll. Arbeiter, die in der Pulver- und Munitionsfabrik Prittlbach bei Dachau gebraucht wurden, drängten in den Ort an der Amper.
(Route: Unter dem Bahnhof hindurch in die Wiener Straße, dieser bis zur Jahnstraße folgen, von dort nach links bis zur Schleißheimer Straße und nach rechts bis zur querenden St.-Peter-Straße)

Die Moosschwaige

Standort 6: Jahnstraße 2 und St.-Peter-Straße 1

Zwischen der Rothschwaige und Dachau lag die Moosschwaige. Die wenigen erhaltenen Gebäude des Guts gehen im heutigen Siedlungskörper der Stadt Dachau fast unter: Das Haus Jahnstraße 2, jetzt Teil des Ignatz-Taschner-Gymnasiums, war das Wohnhaus des ehemaligen Schwaighofs und das Haus St.-Peter-Straße 1 die „Kleine Moosschwaige".
(Route: Entlang der Schleißheimer Straße bis zur Würm nahe dem Feinpappenwerk)

Ehemalige Mooskolonie Unteraugustenfeld

Standort 7: Würmbrücke Schleißheimer Straße

Die Industrialisierung machte nicht Halt vor den Mooskolonien. An der Würm in Unteraugustenfeld entstanden 1877 und 1889 zwei Wehre und Werkkanäle mit 198 und 523 Metern Länge für die Pappenfabrik Augustenfeld. Noch heute weisen ein hoher Schornstein und süßlicher Geruch von Holzspänen und Leim den Weg zum „Feinpappenwerk Gebr. Schuster Werk 1 Dachau".
(Route: Beim Feinpappenwerk nach links über die Schleißheimer Straße zur Erasmus-Reismüller-Straße und auf dem Weg östlich der Würm in der Verlängerung der Erasmus-Reismüller-Straße, dann nach rechts in die Pater-Roth-Straße und bis zur KZ-Gedenkstätte)

KZ-Gedenkstätte

Standort 8: Alte Römerstraße vor der KZ-Gedenkstätte

Am östlichen Ortsrand von Dachau, in der Gemarkung des 1939 eingemeindeten Ortsteils Prittlbach, durchquert die Würm die KZ-Gedenkstätte Dachau. Knapp zwei Kilometer weiter östlich mündet der Fluß in die Amper.
Das Konzentrationslager Dachau war am Abend des 21. März 1933 von Nationalsozialisten unter Aufsicht der bayerischen Landespolizei eröffnet worden. Dachau und das benachbarte Prittlbach waren damals Notstandsgebiet. Die Arbeitslosenzahlen lagen in diesen Orten weit über dem Reichsdurchschnitt. Aufgrund des Versailler Vertrags war die Pulver- und Munitionsfabrik Prittlbach, der bei weitem wichtigste Industriebetrieb bei Dachau, nach dem Ersten Weltkrieg geschlossen worden. Nach Jahren des Verfalls schienen das Gelände und die Gebäude der Munitionsfabrik im Moos vor der Stadt für die Errichtung des ersten Konzentrationslagers der nationalsozialistischen Gewaltherrschaft geeignet zu sein.

Bereits im April 1933 begann die politische Hilfspolizei SS die Herrschaft über das Sonderlager für inhaftierte Funktionäre, die „die Sicherheit des Staates“ gefährdeten, zu übernehmen. Das Lager bestand aus 34 Baracken zu jeweils 100x10 Meter Grundfläche. An der Westseite des „Appellplatzes“, am einzigen Lagerzugang, entstanden das Jourhaus sowie ein Verwaltungs und Wachgebäude der Lagerleitung. Das Eisengitter des Tors versah die SS mit der zynischen Aufschrift „Arbeit macht frei“. Unmittelbar vor dem Tor fließt die Würm auf das 1940 von der SS errichtete Krematorium mit vier Verbrennungsöfen zu. Im Krematorium wurden Häftlinge, die im Lager starben und Opfer von Massenerschießungen verbrannt. Die Gaskammer war als „Brausebad“ getarnt. Aus unbekannten Gründen nahm die Lagerleitung die Gaskammer nicht in Betrieb.
Westlich des Konzentrationslagers baute die SS ein Ausbildungszentrum auf. Das Übungslager zur ideologischen und soldatischen Ausbildung der SS-Mannschaftsgrade sowie die ‘Führerschule’ des SS-Wirtschafts-Verwaltungsdienstes mit Kasernen und Wohnanlagen übertraf bald die Ausdehnung des Konzentrationslagers. Den Tag der Befreiung durch amerikanische Soldaten erlebten im Dachauer Hauptlager 32 335 Gefangene. Es war der 29. April 1945. In den zwölf Jahren seines Bestehens wurden im KZ Dachau und allen seinen Außenlagern 206 206 Häftlinge registriert. Der Tod von 31 951 Gefangenen ist nachgewiesen.

Der Todesmarsch durch das Würmtal

In den letzten Kriegstagen, am 26./27. April 1945, setzten SS-Offiziere fünf Marschkolonnen mit 7000 Gefangenen aus dem KZ Dachau in Richtung Alpen in Marsch. Kein KZ-Häftling sollte „lebendig in die Hände des Feindes“ fallen. Unter den Gefangenen waren überwiegend Russen, dann auch Reichsdeutsche und Juden. Die Zahl der vorwärts getriebenen und gequälten Menschen wuchs weiter an durch Gefangene aus Nebenlagern und durch zum Bahnhof Pasing verschickte Menschentransporte. Ein Todesmarsch führte von Dachau durch das Würmtal: „Ein langer, langer Elendszug von ausgehungerten, ausgemergelten Menschen, begleitet von schwerbewaffneter SS und wütendem Gebell scharfer, auf Menschen dressierter Hunde.“ Am 2. Mai 1945 konnten die letzten Häftlingen von US-Truppen befreit werden.

(Route: An der KZ-Gedenkstätte vorbei und geradeaus zur Würmmühle)

Eine Würmmühle nahe der Amper

Standort 9: vor der Würmmühle

Knapp einen Kilometer vor der Mündung der Würm in die Amper, am Ende der 35 Kilometer langen Flußstrecke, liegen die Turbinen der ‚Würmmühle‘ im Wasser der Würm. Vor der Mühle wird die Würm durch den Gröbenbach verstärkt, um mehr Druck an den Turbinen zu erzeugen. Die Entstehungszeit der Würmmühle nahe der Amper ist unbekannt, Urkunden weisen sie 1330 nach. Im 18. Jahrhundert war sie als Mahlmühle und Sägewerk in Betrieb.
Südlich der ‘Würmmühle’ steht eine kleine Feldkapelle des 17. Jahrhunderts malerisch und einsam zugleich auf einem Hügel. Eine Tafel berichtet von Schändungen in den Jahren 1970 und 1973.

(Route: Der „Alten Römerstraße“ bis zur Amperbrücke folgen, kurz vor der Brücke nach rechts in Waldweg einbiegen, ihm immer in Ampernähe bleibend folgen bis zum Wasserkraftwerk, hinter der Würmbrücke mündet die Würm in die Amper)

Das Ende der Würm

Standort 10: Würmbrücke vor der Mündung

Keine 400 Meter nördlich der ‚Würmmühle‘ fließt die Amper. Im Mündungsgebiet zwischen Würm und Amper lag schon zur Zeit der Römer ein wichtiger Flußübergang. Reisende auf der Römerstraße zwischen Augsburg und Wels konnten dort Würm und Amper gleichermaßen gut überqueren. Trotz des hohen Alters wird der Flußübergang erst 957/995 in einer Urkunde erwähnt. Die Brückenbenützung war kostenpflichtig. Einige Spuren im Gelände zwischen Würm und Amper lassen vermuten, daß im Mündungsgebiet eine Floßlände lag, die mit dem Flößereibetrieb auf der Amper in Zusammenhang stand.
Der letzte Flußkilometer der Würm führt in leichten Windungen an Pappeln und Weiden vorbei zur Amper. Ein Kraftwerk der Isar-Amperwerke zeigt das Ende der Würm und die Vermischung von Amperwasser mit Würmwasser an.

(Route: Den Waldweg zur Amperbrücke zurück, diese überqueren und nach Norden weiterfahren bis Prittlbach im Dachauer Hügelland, im Ort vor dem Gasthaus Wallner nach rechts nach Walpertshofen und zum dortigen S-Bahnhof)

Endpunkt: S-Bahnhof Walpertshofen (S 2)

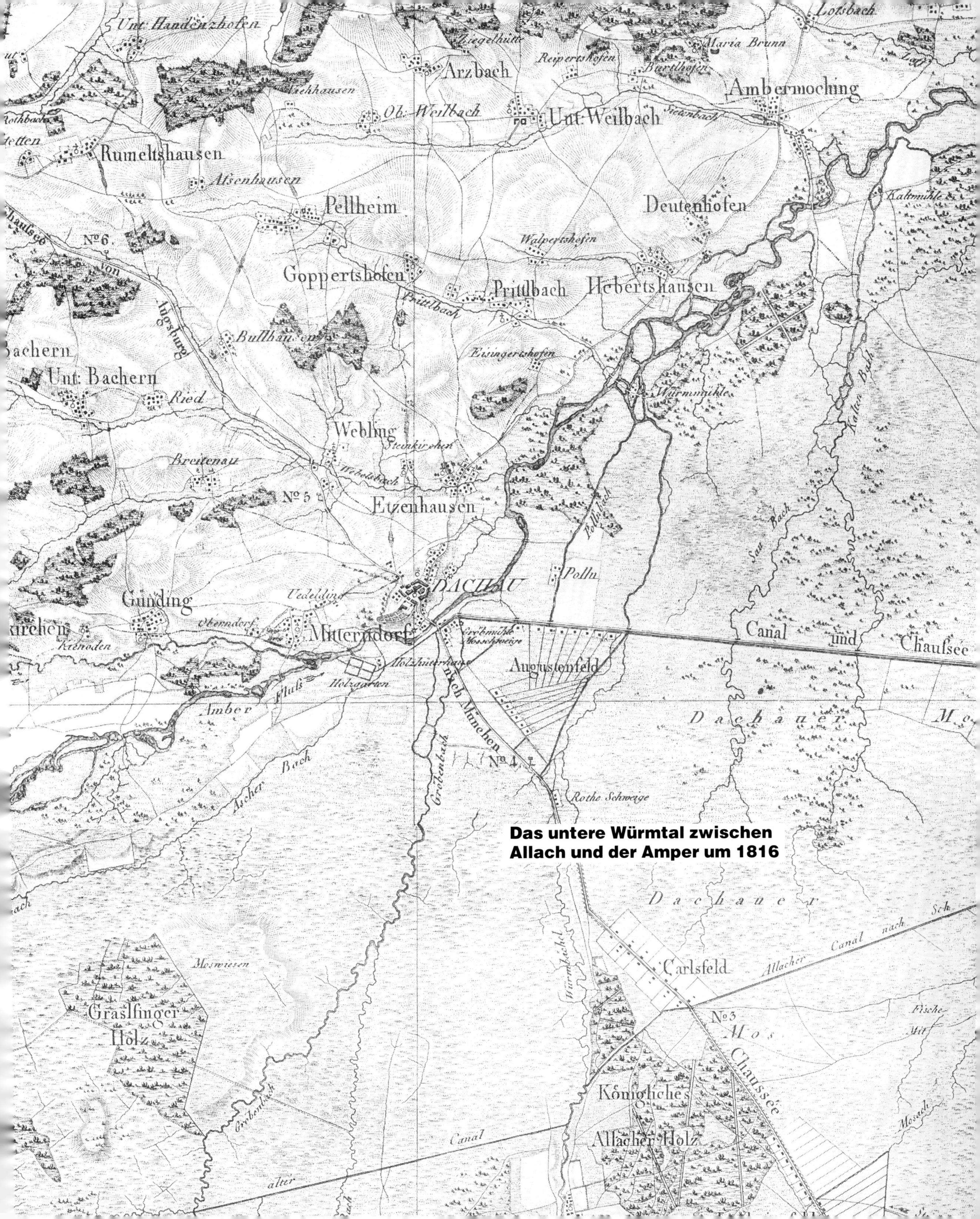

Das untere Würmtal zwischen Allach und der Amper um 1816

Auswahlliteratur

Altmann, L.: Kirchen entlang der Würm, München/Zürich ³1989.

Baumann, G. (Hrsg.): Leutstetten – Die aufregende Geschichte eines „königlich-bayerischen Dorfes", München 1989.

Bayerisches Staatsministerium des Inneren; Königliche oberste Baubehörde (Hrsg.): Wasserkräfte Bayerns, München 1907.

Bogner, J.: Die Mooskolonien im Gebiet des Landgerichts Dachau; die Ödlandkultivierung im Dachauer Raum seit der Mitte des vergangenen Jahrhunderts, in: Amperland, 1969.

Erichsen, J. (Hrsg.): Blutenburg. Beiträge zur Geschichte von Schloß und Hofmark Menzing, München 1983.

Füssl, W.: Baurat Johann Ulrich Himbsel, in: Schönere Heimat, Heft 1, 1987.

Geipel, R.; Heinritz, G. (Hrsg.): München. Ein sozialgeographischer Exkursionsführer, München 1987 (Münchner Geographische Hefte, Nr. 55/56).

Gemeinde Oberschleissheim (Hrsg.): Oberschleißheim von Silvesheim bis Schleißheim, Oberschleißheim 1985.

Habel, H.; Himen, H.: Landeshauptstadt München. Ensembles, Baudenkmäler, archäologische Geländedenkmäler, München/Zürich ³1991 (Bayerisches Landesamt für Denkmalpflege: Denkmäler in Bayern, Band I.1).

Hemmeter, K.: Pasings Villenkolonie I und II. Ensembles der Bayerischen Denkmalliste, in: Bayerisches Landesamt für Denkmalpflege (Hrsg.): Beiträge zur Denkmalkunde, München 1991 (Bayerisches Landesamt für Denkmalpflege, Arbeitsheft Nr. 56).

Hanke, G.: Die Entwicklung der Rothschwaige, in: Amperland, 1967.

Hansen, H. J.; Manon, E.: Das Würmtal von Starnberg bis Dachau, Gräfelfing 1983.

Klapproth, E.: Am Unterlauf der Würm, Karlsfeld 1991.

Kleinschroth, A.; Michel H.: Schiffahrtskanäle aus dem 17. und 18. Jahrhundert im Raum München, in: Deutsches Schiffahrtsarchiv, 7, 1984 (Zeitschrift des Deutschen Schiffahrtsmuseums).

[Klöckl, J. J. v.:] Der Peters-Brunnen am Würmflusse, bey Leutstetten. einige Blätter dem Besuche dieser erneuerten Badeanstalt gewidmet, München 1817.

Landkreis München (Hrsg.): Landkreis München, München 1979.

Laturell, Volker: Wie aus der Moosach der Feldmochinger Mühlbach wurde. Das Gewässernetz im Münchner Norden, München 1978 (Feldmochinger Hefte, Nr. 2).

May, K.: Der Silberbauer, Bamberg 1959 (Karl May's gesammelte Werke, Band 67).

Megele, M.: Baugeschichtlicher Atlas der Landeshauptstadt München. Westliche Vororte der Stadt, München 1956.

Michel, H.: Historische Kanäle für die Schlösser und Parkanlagen im Münchner Raum, München 1983 (Mitteilungen des Hydraulischen Instituts der Technischen Universität München, Nr. 40).

Neu, W.; Liedke, V.: Oberbayern. Ensembles, Baudenkmäler, archäologische Geländedenkmäler, München/Zürich 1986 (Bayerisches Landesamt für Denkmalpflege: Denkmäler in Bayern, Band I.2).

Oberhofer, B.: Pasing, einst eine Stadt an der Würm, München 1980.

Ongyerth, G.: Kulturlandschaft Würmtal. Modellversuch „Landschaftsmuseum" zur Erfassung und Erhaltung historischer Kulturlandschaftselemente im oberen Würmtal, München 1995 (Bayerisches Landesamt für Denkmalpflege, Arbeitsheft Nr. 74).

Ongyerth, G.; Renner, B.: Zeitreise - Das Mühlthal bei Starnberg, München 1995 (Videofilm; Bezug: Videoschule München, Josef Veith).

Ossner, F.: Geschichte der Pfarrei Planegg, Planegg 1981.

Planungsverband Äußerer Wirtschaftsraum München (Hrsg.): Erholungslandschaft zwischen Würm und Isar – Verein Dachauer Moos, München 1994 (Druckschrift zur „Aufforderung zur Vereinsgründung").

Ponten, J.: Die kurfürstlichen Kanalbauten in der Münchener Landschaft, in: Mitteilungen der Geographischen Gesellschaft in München, Band 21, 2. Heft, München 1928.

Pasinger Fabrik (Hrsg.): Ein Jahrhundert macht mobil! München 1994 (Begleitbuch zur Ausstellung).

Reitmeier, L. (Hrsg.): Dachau. Ansichten und Zeugnisse aus zwölf Jahrhunderten, Dachau 1976.

Schaehle, F.: Pasing in Geschichte und Gegenwart, Pasing 1921.

Segl, S.: Gräfelfing. Vom Bauerndorf zur Gartenstadt im Würm, München 1984.

Schober, G.: Bilder aus dem Fünf-Seen-Land, Starnberg 1979.

Schober, G.: Landkreis Starnberg. Ensembles, Baudenkmäler, archäologische Geländedenkmäler, München/Zürich 1989 (Bayerisches Landesamt für Denkmalpflege: Denkmäler in Bayern, Band I.21).

Schmidt, H. (Hrsg.): 6000 Jahre Ackerbau und Siedlungsgeschichte im oberen Würmtal bei München, München 1991.

Spiegel, B.; Pusch, W.: Heimatmuseum Stadt Starnberg, München/Zürich 1988 (Bayerische Museen, Band 10).

Sturm, J.: Rodungen in den Forsten um München, Frankfurt/Main 1941 (Schriften der Herman-Göring-Akademie der deutschen Forstwirtschaft, Band 1).

Thurner, A. (Hrsg.): Die St. Wolfgang-Kirche zu Pipping, München 1990.

Vogelsgesang, W. (Hrsg.): Obermenzing, Geschichte und Geschichten I, München 1988.

Wolf, G.: Die Entdeckung der Münchner Landschaft. Bilder und Dokumente aus zwei Jahrhunderten, München 1921.

Zacherl, G.: Eisvogel und Aronstab. Wanderungen im Würmtal zwischen Starnberg und Planegg, München 1996.

Bildnachweis

Erich Weichelt:

Titelbild, Seite: 4, 6, 10, 11, 14, 15, 16, 17, 18, 19, 23, 24, 25, 26, 27, 29, 30, 31, 32, 33, 34, 35, 36, 37, 38, 39, 40, 42, 43, 44, 45, 46, 49, 50, 51, 52, 53, 54, 55, 58, 61, 62, 63, 65, 66, 67, 68, 69, 71, 73, 74, 76, 77, 78, 79, 80, 81, 82, 83, 84, 85, 86, 87, 88, 89, 90, 94, 95, 100, 103, 104, 106, 107, 109, 113, 114, 116, 117, 118, 121, 122, 125, 127, 129, 133, 134, 136, 138, 140, 141, 143, 144, 145, 146, 152, 153, 154, 156, 157.

Mark Schütze:

Bild Rückseite, Seite: 11, 12, 15, 18, 20, 22, 23, 25, 26, 27, 28, 30, 31, 32, 38, 44, 50, 51, 56, 59, 60, 61, 64, 70, 72, 74, 75, 82, 94, 98, 99, 100, 101, 102, 107, 108, 109, 112, 113, 115, 118, 119, 120, 126, 128, 130, 131, 132, 135, 137, 140, 147, 148, 155.

Viele Fotos und Textteile wären ohne die Mithilfe folgender Personen und Firmen nicht zustande gekommen

Prinzessin Irmingard von Bayern, Prinz Ludwig von Bayern: Schloß Leutstetten.
Pfarramt Starnberg: „St. Peter und Paul“, Rieden
Würmtal Zweckverband: „Pumpwerk“, Mühlthal.
Familie Haller: „Reismühle“, Gauting.
Gemeinde Gauting: „Schloß Fußberg“, Gauting.
Peter Rubin, Stockdorf.
Familie (Firma) Trinkl: „Trinklbad“, Krailling.
Familie (Firma) Linner: „Linner Mühle“, Krailling.
Verwaltung Baron von Hirsch: „Schloß“, Planegg.
Pfarrer Egger: „St. Georg“, Steinkirchen.
Englische Fräulein: „ehemaliges Hofmarkschloß“, Pasing.
Timofey Prochorow: „Väterchen Timofey“, Olympiapark.
MAN: “ Hauser Schloß“, Allach.

Für eine kritische Auseinandersetzung mit dem Text der Erstausgabe bedankt sich der Autor bei Dr. Reinhard Bauer (München), Cathrin Garbotz (Dachau), Adolf Thurner (München), Walter Köbele (Starnberg), Gero von Langsdorff (Gemeindearchiv Gauting), Dr. Hans H. Schmidt (Gauting), Siegfried Segl (Gemeindearchiv Gräfelfing), bei der Gemeindeverwaltung Krailling und Dr. Gerhard Hanke (Dachau).